[SAMUEL BECKETT E SEUS DUPLOS]

CLÁUDIA MARIA DE VASCONCELLOS

[SAMUEL BECKETT E SEUS DUPLOS]

ESPELHOS, ABISMOS E OUTRAS VERTIGENS LITERÁRIAS

ILUMI/URAS

Copyrigth © *2017*
Cláudia Maria de Vasconcellos

Copyrigth © *desta edição*
Editora Iluminuras Ltda.

Capa e projeto gráfico
Eder Cardoso / Iluminuras

Foto da capa:
Roger Pic (1977), modificada digitalmente
Bibliothèque nationale de France

Revisão
Meire Gomes

CIP-BRASIL. CATALOGAÇÃO NA PUBLICAÇÃO
SINDICATO NACIONAL DOS EDITORES DE LIVROS, RJ
V446s

Vasconcellos, Cláudia Maria de, 1966-
    Samuel Beckett e seus duplos : espelhos, abismos e outras vertigens literárias / Cláudia Maria de Vasconcellos. – 1. ed. – São Paulo : Iluminuras, 2017.
    192 p. : il. ; 21 cm.

ISBN: 978-85-732-1556-4

    1. Beckett , Samuel, 1906-1989 - Crítica e interpretação. 2. Teatro irlandês (Literatura) - História e crítica. I. Título.

17-39153   CDD: 809.2
              CDU: 82-2

2017
EDITORA ILUMINURAS LTDA.
Rua Inácio Pereira da Rocha, 389 - 05432-011 - São Paulo - SP - Brasil
Tel./Fax: 11 3031-6161
iluminuras@iluminuras.com.br
www.iluminuras.com.br

SUMÁRIO

APRESENTAÇÃO, 11

[CAPÍTULO 1]

PERSONAGEM:
SERES AUTOSCÓPICOS E VOZES ACUSMÁTICAS

1. SERES AUTOSCÓPICOS OU *DOPPELGÄNGER*, 15
    1.1. Duplicação e consciência: "William Wilson", 18
    1.2. Duplicação e "trifonia": *O duplo*, 22
    1.3. Duplicação industrial: *O homem duplicado*, 34
2. VOZES ACUSMÁTICAS E COMPANHIA, 43
    2.1. A última gravação de Krapp, 44
    2.2. That Time, 48
    2.3. Companhia, 57
    2.4. Improviso de Ohio, 64

[CAPÍTULO 2]

OBRA:
MISE EN ABYME E REPETIÇÃO

1. ANDRÉ GIDE E *OS MOEDEIROS FALSOS*, 80
2. GEORGES PEREC E *A COLEÇÃO PARTICULAR*, 87
3. SAMUEL BECKETT: *MISE EN ABYME* E REPETIÇÃO, 97
    3.1. Esperando Godot, Fim de partida, A última gravação de Krapp, That Time, Companhia, Molloy e Passos, 97
    3.2. Improviso de Ohio, 114

[CAPÍTULO 3]

AUTOR:
THOMAS BERNHARD E SAMUEL BECKETT

1. A TENDÊNCIA AUTOBIOGRÁFICA, 117

2. MESTRES ANTIGOS, 122

3. IMPROVISO DE OHIO, 135

[CAPÍTULO 4]

PLATEIA E LEITOR:
EFEITO DE ESTRANHAMENTO E EFEITO DE IMERSÃO

1. METATEATRO: PIRANDELLO, DIDEROT E BECKETT, 141
    1.1. Seis personagens à procura de um autor e *Esta noite se representa de improviso*, 142
    1.2. O filho natural, 157
    1.3. Esperando Godot, Dias felizes, Comédia e *Eu não*, 167
2. EFEITO DE IMERSÃO: *ROCKABY* E *IMPROVISO DE OHIO*, 173

BIBLIOGRAFIA CITADA, 184

BIBLIOGRAFIA CONSULTADA, 187

SOBRE A AUTORA, 191

À FAPESP, que apoiou esse estudo; ao Departamento de Teoria Literária e Literatura Comparada, da FFLCH, USP, que o albergou; a Fábio de Souza Andrade, supervisor e autor de ensaios e traduções beckettianas amplamente consultados durante a pesquisa; aos colegas do Grupo Samuel Beckett, em especial Lívia Bueloni, Talita Mochiute, Luciano Gatti e Ana Helena Souza, cujos estudos contribuíram para este; à Lígia Vasconcellos, querida irmã, que orientou as leituras dos textos em alemão.

APRESENTAÇÃO

O que haveria em comum entre Samuel Beckett e o gravurista holandês Mauritz Cornelis Escher? Avizinhar os teatros de Beckett e de Pirandello é factível? E quanto a Dostoiévski. Existiria alguma conformidade entre a obra do autor irlandês e aquela do mestre russo?

Essas aproximações são improváveis por variados motivos. Nem Escher, nem Pirandello, nem Dostoiévski podem ser rastreados entre os interesses fortes, artísticos e literários, de Beckett. Nas 800 páginas de sua (única) biografia autorizada, escrita por James Knowlson,[1] não há referência a Escher. Pirandello comparece uma vez, mas negativamente, como exemplo a ser evitado. E Dostoiévski é citado de modo indireto: 1) tema de um ensaio encomendado e nunca realizado; 2) e porque Roger Blin — que dirigiu a primeira montagem de *Esperando Godot* — tinha um papel na adaptação de Camus de *Os demônios*.

Dos autores italianos, Dante Alighieri foi seu preferido. Visitou a *Divina Comédia* por toda vida, reencenando em sua obra imagens do purgatório, mas, sobretudo, do inferno. Conhecia e apreciava a arte flamenga, a ponto de a crítica beckettiana detectar vestígios de Rembrandt e de Veermer na composição cênica de suas peças teatrais e televisivas; e interessou-se pela pintura contemporânea, o que atestam seus *Três diálogos com Georges Duthuit* (1949), em que professa a desconcertante preferência por uma "arte não expressiva". Se nunca escreveu sobre Dostoiévski, publicou, porém, um consistente ensaio a respeito de Proust, de quem encampou e reformulou ideias sobre solidão, memória e hábito.

---

[1] KNOWLSON, James. *Damned to Fame – The Life of Samuel Beckett*. London: Bloomsbury, 1997.

E, no entanto, Escher, Pirandello, Dostoiévski — bem como outros autores de influxo improvável sobre a obra de Beckett — serão considerados, no presente estudo, como seus duplos. O que autoriza o nivelamento é a prática comum de estratégias formais de estranhamento, que se pode chamar de duplicativas: o emprego de espelhamentos e cisões, repetições e metamorfose, em variantes perturbadoras como a *mise en abyme* e as reproduções infinitas. O que autoriza a aproximação é a visada crítica comum.

Pirandello, em *Seis personagens* à *procura de um autor*, realizou o feito de levar ao palco personagens puros, desgarrados de um autor ou qualquer organização literária imposta por um autor, personagens depurados, inclusive, do corpo-suporte dos atores. Esse atrevimento pirandelliano não é estranho aos personagens de Beckett, que estão sempre na iminência de descobrirem-se seres ficcionais, confinados a um jogo artificialmente controlado e imposto por um carrasco invisível chamado plateia. O espelhamento entre palco e plateia é o procedimento comum aos dois autores para alcançar o estranhamento crítico. Ambos problematizam as regras do teatro dramático, indicando sua obsolescência. Por exemplo, problematizam a convenção ilusionista de instalar, entre o palco e o público, uma quarta parede protetiva; questionam a necessidade e a possiblidade, também convencionada, de os personagens se exporem integralmente.

A aparição do *Doppelgänger* do miserável funcionário público Golyadkin, no romance *O duplo*, de Dostoiévski, é, segundo hipótese deste estudo, a consequência lógica para um personagem coagido até o extremo insuportável da solidão. Duplica-se para ter companhia, assim como muitos personagens de Beckett, solitários imaginadores, que se consolam na efabulação, e estão sintetizados na obra *Companhia*.

"Galeria de arte" é o título da gravura de Escher,[2] na qual o contemplador de um quadro encontra-se ao mesmo tempo contido nele [Fig. 11; Cap. 2]. O que se pode chamar de um sistema autoconti-

---

[2] ERNST, Bruno. *O espelho mágico de M. C. Escher*. South Korea: Taschen, 2007.

nente é revisitado por Beckett, porém, de maneira mais radical. Em peças teatrais como *Esperando Godot, Dias felizes, Eu n*ão, a plateia é deslocada para dentro da mesma peça que está assistindo.

A duplicação com vistas à companhia transforma-se, na obra de Beckett, em oportunidade para se investigar um estado protoliterário, condição, no entanto, da criação literária: a imaginação. As obras que se valem desse recurso realizam o que se poderia chamar de fenomenologia da imaginação.

Por sua vez, o deslocamento do leitor e da plateia efetuado por vários de seus textos, e que os consagra como metateatro, é o que permite situar Beckett entre autores e teóricos da literatura que pensaram e se valeram do *Verfremdugseffekt*. O exercício de distanciamento ou estranhamento sofrerá, no entanto, uma metamorfose, sobretudo em seu teatro tardio. Os textos de Beckett passarão a exercer um deslocamento centrípeto, que não distancia, mas é ardil para aproximação, passarão a exercer um deslocamento internalizante, que chamo de efeito de imersão e considero como sua inovadora contribuição para as práticas duplicativas.

O presente estudo está dividido em quatro capítulos, relativos a quatro modos possíveis de duplicação literária:

1 duplicação do personagem, como *Doppelgänger* ou por cisão;
2 duplicação da própria obra, com ênfase no recurso da *mise en abyme*, que se define como um espelho interno à obra que a reproduz em miniatura;
3 duplicação do autor – tendência da literatura contemporânea;
4 e duplicação do leitor ou da plateia, os quais são assimilados pela fábula narrada, tornando-se, repentinamente, incômodos personagens.

Se o recorte para a pesquisa foi o tema dos duplos, seu fio condutor será a peça de teatro *Improviso de Ohio* (1981). Esse texto tardio, híbrido de narração e encenação — propensão estética da última fase do autor -, cumpre os quatro tipos de duplicação: coloca em cena o *Doppelgänger*, vale-se do recurso da *mise en abyme*, incorpora vários elementos biográficos e deslocada o espectador de seu posto convencional. Cada um dos quatro capítulos, portanto, encerrará com uma discussão de *Improviso de Ohio*.

Cabe dizer, ainda, que este estudo dos duplos não se pretende inventário desse recurso na história literária, mas se estrutura como um percurso de afinidades elegidas propositalmente, no qual cada etapa contribui com elementos que destacam a novidade e a pertinência, sobretudo para o âmbito da crítica literária, do que chamei efeito de imersão.

[CAPÍTULO 1]

PERSONAGEM:
SERES AUTOSCÓPICOS E VOZES ACUSMÁTICAS

> Du Doppelgänger! du bleicher Geselle!
> Was äffst du nach mein Liebesleid,
> Das mich gequält auf dieser Stelle
> So manche Nacht, in alter Zeit?
>
> *Heinrich Heine*
>
> Puis parler vite, des mots
> comme l'enfant solitaire
> qui se met en plusieurs,
> deux, trois, pour être ensemble,
> et parler ensemble,
> dans la nuit.
>
> *Samuel Beckett*

1. SERES AUTOSCÓPICOS OU *DOPPELGÄNGER*

Motivos românticos não são estranhos à obra de Beckett. Tome-se como exemplos a árvore descarnada no anoitecer, que remete à paisagem de *Esperando Godot* [Fig. 1] àquela de "Dois homens contemplando a Lua" de Caspar David Friedrich [Fig. 2], ou a canção de Schubert, *Nacht und Träume*, reproduzida no vídeo de mesmo nome, criado para a televisão alemã. Seria plausível, por isso, pensar os dois velhos idênticos sentados à mesa em *Improviso de Ohio* [Fig. 3], e que se oferecem por 20 minutos à contemplação do pú-

Figura 1
Esperando Godot
Gare St. Lazare Ireland e Dublin Theatre Festival's production de *Waiting for Godot*
foto: Gary Lydon and Conor Lovett

Figura 2
Dois homens contemplando a Lua, 1819-20, óleo sobre tela
Caspar David Friedrich
Metropolitan Museum of Art, NY

Figura 3
Improviso de Ohio
https://humanities.exeter.ac.uk/drama/staff/zarrilli/practice/

[16]

blico num *tableau* praticamente imutável, como recriação cênica para aquilo que a literatura romântica batizou de *Doppelgänger*?

Em 1796, o escritor alemão Jean Paul Richter, em seu romance *Siebenkäs*, cunhou o termo para qualificar a experiência do protagonista com seu duplo. *Doppelgänger*, segundo nota de rodapé do próprio Jean Paul, seriam as pessoas que se veem a si mesmas.[1] O tropo, para citar algumas obras, foi revisitado pela literatura romântica e pós-romântica — *Os elixires do diabo*, de Hoffmann; *O médico e o monstro*, de Stevenson; "William Wilson", de Poe; *O duplo*, de Dostoiévski -, meditado pela psicanálise — por exemplo, no ensaio "O estranho", de Freud ou na obra *O duplo*, de Otto Rank -, e chega à nossa época, em variação sociológica — *O homem duplicado*, de Saramago.

Sendo o interesse deste estudo a duplicação e suas consequências estéticas, a vertente psicanalítica não será abordada, assim como não serão investigadas narrativas que não se contagiem formalmente com a duplicação encontrada no registro da fábula. Também contribui para a escolha das obras comentadas a seguir, seu comprometimento com a condição visual do tropo, especificada por Jean Paul, e que se avizinha de um fenômeno clínico conhecido como autoscopia, ou visão de si mesmo, no qual o sujeito se duplica, aparecendo em seu próprio campo visual.[2]

A primeira seção deste capítulo está concentrada, portanto, em personagens que se nomeará como autoscópicos, ou seja, que veem seu duplo e são vistos por ele. A segunda seção do capítulo estará centrada em personagens assombrados por vozes acusmáticas (sem origem identificável), mas que parecem fruto de cisão do próprio sujeito.

Se um princípio romântico como o Eu criativo e transcendental encontra no tropo do duplo uma imagem adequada, que pode projetar literariamente a "propensão a aparições e desaparições

---

[1] "*So heissen Leuten, die sich selbst sehen*". SOON HG, Andrew Hock. "Introduction: Reading the Double", in SOON HG, Andrew Hock (Ed.), *The Poetics of Shadows – The Double in Literature and Philosophy*. Stuttgart: Ibidem, 2013, p. 5.
[2] WEBBER, Andrew J. *The Doppelgänger – double Visions in German Literature*. Oxford: Clarendon Press, 2003, p. 3.

abruptas", a oscilação entre sombra e reflexão,[3] real e ideal, a literatura pós-romântica valeu-se do *Doppelgänger* como imagem do sujeito dividido moral e psiquicamente, confrontado com o sobrenatural e a loucura, e, na modernidade, pôde pensá-lo inclusive industrialmente, multiplicado, na época da sua massificação.

1.1. Duplicação e consciência: "William Wilson"

"William Wilson", de Edgar Alan Poe, conto publicado em 1839, exercita o tropo em questão em viés moral. A epígrafe, atribuída a Chamberlain, esclarece de entrada sobre a natureza do duplo na história: "Que dirá ela? Que dirá a horrenda Consciência, aquele espectro no meu caminho?".

"William Wilson" é a confissão escrita ("A página virgem que agora se entende diante de mim..."[4]) de um homem à beira da morte, vítima "do horror e do mistério da mais estranha de todas as visões sublunares" — ao que parece, a visão de si mesmo num outro -; além disso, é a confissão de um homem em busca da origem deste mal, ou seja, do instante em que "a virtude se desprendeu" de si.

Esta é a história do personagem. Desde a mais tenra idade, William Wilson mostra-se "voluntarioso" (*self-willed*) e, como a família nada pode contra suas "tendências más", é abandonado "ao próprio arbítrio", tornando-se "senhor de *suas* próprias ações". Encaminhado para um colégio interno, um edifício labiríntico numa aldeia inglesa nevoenta, pode exercer lá ascendência sobre os colegas, "com uma única exceção": um outro menino, que em tudo o replica, em palavras e gestos, que chega à escola no mesmo dia em que ele, que nascera na mesma data que ele, atende pelo seu nome e distingue-se dele unicamente pela estranha voz sussurrada. Apesar do segundo William Wilson sempre confrontá-lo, desautorizando-o diante dos colegas, são inseparáveis e, a princípio, não

---

[3] SOON HG, Andrew Hock (Ed.), *The Poetics of Shadows – The Double in Literature and Philosophy*, op. cit., p. 2.
[4] As citações curtas do conto não serão feitas ponto por ponto. Elas se referem à seguinte edição e páginas: POE, Edgar Alan. "William Wilson", in *Ficção completa, poesia & ensaios*, Oscar Mendes (trad.). Rio de Janeiro: Nova Aguilar, 1986, pp. 259-260.

o consegue odiar completamente. Contudo, quando sua aversão é notada pelo duplo, este se afasta, ensejando no primeiro William Wilson a ideia de pregar-lhe uma peça de mau gosto. E é assim que, numa noite, Wilson dirige-se de lanterna em punho até o quarto do incômodo colega. Aproximando a lanterna do rosto do amigo que dorme, quase perde os sentidos ("Meu corpo ofegou, meus joelhos tremeram..., meu cérebro girava"). As feições que identifica no duplo horrorizam-no, perturbam-no tanto, que abandona a escola imediatamente. Com o tempo, entretanto, o horror da visão daquela noite arrefece. Numa jornada de crescente dissolução, que começa em Eton, passa por Oxford e termina em Roma, Wilson é visitado pelo ex-colega homônimo em momentos cruciais, para denunciar seus vícios (bebedeira, jogatina, mulheres). O duplo, que continua a imitá-lo no vestir e o replica fisicamente, confronta-o, contudo, sempre em situações de penumbra ou veladamente, impedindo a visão de seu rosto. Em Roma, durante o Carnaval, o duplo mascarado malogra o plano de Wilson para seduzir a bela esposa de um nobre "caduco". É a gota d'água para a decisão "[de] não *se submeter* por mais tempo à escravidão". Arrastando o outro para um vestíbulo, fere-o mortalmente com um golpe de espada. Nesse momento, a pequena sala transforma-se e um grande espelho é notado pelo primeiro Wilson. Aproximando-se do espelho, acredita ver a si mesmo ensanguentado, mas a imagem divisada é, como declara, a do segundo Wilson, em tudo igual a ele, e agora falando-lhe sem sussurrar. Morrendo o duplo, o outro também morre. "Em mim tu vivias — diz o segundo -... e, na minha morte, vê por esta imagem que é a tua própria imagem, quão completamente assassinaste a ti mesmo!".

Rara em sua espécie, a história de Poe dá conta do "bom" duplo.[5] É a consciência moral que se desprende e assombra, e não, como se encontra mais comumente, o lado socialmente condenável da personalidade (*O médico e o monstro* ou *O duplo* de Dostoiévski). A

---

[5] MILLER, Karl. *Doubles*. London: Farber and Farber, 2013, p. 155. Miller atribui o mote desenvolvido por Poe a um artigo de Washington Irving, baseado num projeto abandonado de Byron, sugerido por Shelley, mas não é certo que Poe soubesse do *background* completo da ideia do bom duplo.

consciência, anunciada na epígrafe, persegue o personagem desde a infância e, quando é vencida definitivamente, acarreta também a morte do Wilson mau.

Interessa aqui o fato de Edgar Alan Poe não limitar o tema da duplicação ao registro da fábula (um personagem que se divide), mas o ter espraiado para outros estratos da obra. Assim a duplicação está reproduzida no título do conto, é detectada na narração, como *mise en abyme*, e estende-se inclusive como espelhamento externo, quando o personagem duplica aspectos biográficos do autor.

O título cifrado e, de certo modo, acronímico e anagramático, reproduz a duplicação do personagem de diversas maneiras:

A) ALITERAÇÃO

As duas letras "W" no início dos nomes no título e também os dois fonemas "Wil" refletem, pode-se dizer, a duplicação encontrada no registro fabular.

B) ACRONÍMIA

Wilson se apresenta, no início da história, como um ser voluntarioso desde a mais tenra infância (*self-willed,* diz o original) e que, exceto pelo nome de família, poderia considerar-se em todo o restante senhor de suas ações.

Por isso, não passou despercebido à crítica, a possibilidade de ler na palavra "Wilson" o caráter do personagem: *son of will*. Contudo, caso se aceite que também o nome "William" é decodificável — *Will I am* -, o título do conto revelaria, mais do que o caráter, a qualidade monstruosa — de uróboros — desse ser autogerado — *I am Will, Will`s son*.

Se a princípio a autossuficiência do personagem aparece falhada, pois seu nome não é sua criação ("fui abandonado ao meu próprio arbítrio e tornei-me em tudo, menos de nome, o senhor de minhas próprias ações"), poderia alcançá-la se pudesse forjar-se um novo nome. E o faz.

C) PSEUDÔNIMO

William Wilson é um pseudônimo. Como confessa o narrador, trata-se de um "título de ficção, não muito diferente do [nome] verdadeiro". Usa-o para poupar a família, já por muito tempo e por sua causa, "objeto de desprezo".

Apesar de sua ascendência nobre, o nome original "era um desses nomes cotidianos — relata — que parecem, por direito obrigatório ter sido, desde tempos imemoriais, propriedade comum da multidão".

O título do conto, portanto, um pseudônimo, designaria a superação de um nome imposto e popular, e a consecução do desejo de tornar-se vontade geradora de vontade.

Nota-se, contudo, que o rebatismo só acontece às portas da morte. Eis o paradoxo: não poder viver sem sua contraparte.

D) HOMÔNIMO

Seu homônimo o perturba desde o início, não apenas por malograr suas intenções malignas, mas, sobretudo, por ser a causa da dupla repetição de um nome que lhe é odioso.

O nome comum, despersonalizado, adquirido involuntariamente, é, no entanto, insuperável. Só conquistará nome realmente próprio, ou seja, auto-outorgado, à custa de sua consciência e, sem ela, morre.

Esse paradoxo que o pseudônimo explora comparece na obra como *mise en abyme*. Wilson rememora, intrigado, a duplicidade do pastor da igreja, que era ao mesmo tempo diretor de sua escola:

> Aquele personagem venerando, com seu rosto tão modestamente benigno, com trajes tão lustrosos e tão clericalmente flutuantes, com sua cabeleira tão cuidadosamente empoada, tão tesa e tão vasta, poderia ser o mesmo que, ainda há pouco, de rosto azedo e roupas manchadas de rapé, fazia executar, de palmatória em punho, as draconianas leis do colégio? Oh gigantesco paradoxo, por demais monstruoso para ser resolvido![6]

---

[6] POE, Edgar Alan. "William Wilson", in *Ficção completa, poesia & ensaios*, op. cit, pp. 259-260.

A dupla imagem do ancião, benigna e maligna, resume exatamente a cisão moral de Wilson.

É curioso que aspectos biográficos de Poe apareçam retratados no conto, como, por exemplo, os seus anos escolares "em Stoke Newington na Inglaterra e suas desventuras nas mesas de jogo quando estudante na Universidade de Virgínia".[7] Mais curioso ainda é o fato de compartilhar com o narrador do conto a mesma data de nascimento, 19 de janeiro de 1813.[8]

A assimilação parcial da biografia do autor por obras que desenvolvem o tema da duplicação é objeto de interesse deste estudo e será discutida no Capítulo 3. O caso de "William Wilson" parece indicar a tentativa de se estender o tema da duplicação para além da fábula, e retratar reverberações, no universo ficcional, daquele outro que o constrói.

1.2. Duplicação e "trifonia": *O duplo*

O duplo, de Dostoiévski, romance publicado em 1846, compõe-se como estranho estudo de um personagem. Estranho, pois difere do modelo literário corrente, o realismo francês em sua vertente gogoliana.

O pobre funcionário vitimado duplamente, pela cidade grande (São Petersburgo) e por sua pertença a uma máquina burocrática alienante, é apresentado por Dostoiévski na figura do Conselheiro Titular Yákov Pietróvich Golyádkin, primo próximo de Akaky Akakievich Bashmachkin, Conselheiro Titular de *O capote* (1842), de Gogol.

O pobre homem que a cidade destrói,[9] o pobre funcionário público, tipos frequentes da literatura russa à época, veem-se resumidos no personagem de Golyádkin, cujo nome revela seu traço miserável — "*o sobrenome Golyádkin deriva de golyadá, golyadka,*

---
[7] HOFFMANN, Daniel. *Poe, Poe, Poe, Poe, Poe, Poe, Poe.* New York: Paragon, 1990, p. 210.
[8] Idem, ibidem.
[9] O poema *O cavaleiro de bronze* (1833), de Pushkin, também deixa vestígio em *O duplo*. As andanças do pobre Evgenii por São Petersburgo, sob um tempo inclemente, são refeitas por Golyádkin em vários momentos do romance.

que significa pobre, indigente, mendigo, miserável etc."[10] — e cujo título – Conselheiro Titular – esclarece sobre sua insignificância funcional na escala burocrática.[11]

Enquanto os narradores realistas mantêm distância em relação ao personagem, oferecendo ao leitor um retrato "sociocaracteriológico inabalável", o narrador em *O duplo* fala a partir do campo de visão de Golyádkin.[12] Trata-se, segundo Bakhtin, de uma mudança tão relevante, a ponto de poder comparar-se a uma espécie de revolução copernicana literária:

> O papel antes cumprido pelo autor passa ao personagem, que se analisa e se descreve sob todos os ângulos; quanto ao autor, este não esclarece mais sobre a realidade do personagem, mas sobre sua consciência de si, enquanto realidade de segundo grau.[13]

O duplo, portanto, acompanha Golyádkin na intimidade de sua mente, em suas decisões e justificativas, em sua paranoia e dúvidas, em sua progressiva separação da realidade, ou, pode-se dizer, em sua progressiva substituição da realidade por sua realidade mental.

O romance agencia vários modos de duplicação do personagem; está estruturado como um espelho, no qual acontecimentos são reproduzidos em pares simétricos; e alcança, finalmente, criar reflexão entre leitor e protagonista, extravasando a duplicação para além da fábula.

A) O PERSONAGEM DUPLICADO

Antes de encontrar seu sósia, o senhor Golyádkin já oferece pistas para sua iminente duplicação. Logo no início da história, explici-

---

[10] DOSTOIÉVSKI, Fiódor. *O duplo*, Paulo Bezerra (trad.). São Paulo: Editora 34, 2011, p. 54, nota 13.
[11] "Embora o título tenha algo de pomposo, o cardo de conselheiro titular pertence à nona classe funcional na escala burocrática do serviço público russo. É um simples amanuense, sem chances de progressão social". Idem, p. 9, nota 1.
[12] BAKHTINE, Mikhail. *La Poétique de Dostoïevski*. Paris: Seuil, 1998, pp. 89-90. Vale dizer, contudo, que estar restrito ao campo de visão do personagem não significa estar preso a sua subjetividade. O narrador vê o que o personagem vê, mas reserva sua independência de juízo, o que permite exercer sua ironia.
[13] Idem, p. 90.

ta-se seu déficit em relação à realidade. Um primeiro exemplo diz respeito à autoimagem:

> Depois de pular da cama, correu imediatamente para um pequeno espelho redondo que estava em cima da cômoda. Embora sua figura morrinhenta, acanhada e bastante calva fosse exatamente daquele tipo insignificante que à primeira vista não chamaria a atenção exclusiva de ninguém, seu dono parecia gozar de plena satisfação com o que acabara de ver.[14]

A história abre, pode-se dizer, com dois Golyádkins: um, para os outros, insignificante, outro, para si, autossuficiente.

Um segundo exemplo, e correlato ao anterior, refere-se à inconciliabilidade entre o programa ético propagandeado por Golyádkin e suas atitudes e anseios. Conversando com o médico, defende uma agenda, que se pode resumir assim: gosto de silêncio, não dependo de ninguém, sou um homem cordato, gosto da tranquilidade e não do burburinho da alta sociedade, não lamento ser pequeno, não sou um intrigante, abomino a calúnia, a mísera hipocrisia me desgosta, sou um homem simples, não faço rapapés.[15]

E, no entanto, a história acompanha o senhor Golyádkin em atitudes contrárias a suas belas palavras:

» Solitário, mas impossibilitado de ficar em silêncio, Golyádkin fala o tempo todo consigo mesmo.
» A declarada autossuficiência não resiste à necessidade de justificar-se sempre que pode para um outro.
» Em vez de cordato, avança na mais insensata das aventuras — gastar o dinheiro que não tem, com libré para o empregado e carruagem — para intrometer-se no aniversário de Clara Olsúfievna, filha do Conselheiro de Estado, celebração para a qual não foi convidado. O proclamado gosto por tranquilidade e o desgosto pela alta sociedade ficam assim também desmentidos.
» Apesar de declarar-se contra intrigas, e dizer abominar a calúnia, inocula, na conversa com o médico, o veneno da maledicência em relação a Vladímir Semeónovitch (sobrinho de Andriêi

[14] DOSTOIÉVSKI, Fiódor. *O duplo*, op. cit., p. 10.
[15] Idem, pp. 22-29.

Filíppovich, o chefe da repartição), jovem que foi promovido ao cargo que almejava, e cancela, por isso, sua declarada satisfação em ser pequeno.

» Mais tarde, durante a primeira conversa com o duplo, explicitará a própria hipocrisia e desejo de intriga, comentando para seu igual:

> nós dois, Yákov Pietróvitch, vamos viver como o peixe e a água, como irmãos; meu velho, nós dois vamos usar de artimanhas, usar de artimanhas, de comum acordo; de nossa parte vamos armar intrigas para chateá-los [a Andrei Filíppovich e Clara Olsúfievna].[16]

» Quanto a ser um homem simples, o surgimento do duplo contradirá o fato.

» E, finalmente, encerrando a conversa com o médico, na qual recriminava os rapapés, deixa o consultório, após curvar-se num... rapapé.

Um terceiro exemplo, que é pista para a duplicação, é seu desejo declarado de ser um outro. Quando é visto por Andriêi Filíppovitch na carruagem alugada, a caminho do aniversário, Golyádkin não sabe como proceder, e resolve, por fim, passar-se por um outro:

> Faço uma reverência ou não? Respondo ou não? Confesso ou não? [...] ou finjo que não sou eu, mas outra pessoa surpreendentemente parecida comigo, e ajo como se nada tivesse acontecido? Isso mesmo, não sou eu, não sou eu, e pronto! — dizia o senhor Golyádkin tirando o chapéu para Andriêi Filíppovitch e sem desviar o olhar. — Eu, eu vou indo — murmurava a contragosto -, não vou nada mal, absolutamente não sou eu, Andriêi Filíppovitch absolutamente não sou eu, e pronto.[17]

Pouco depois do encontro indesejado com o chefe da repartição, o personagem depara com dois colegas de serviço, mais jovens, e, buscando explicar o fato de estar arrumado e perfumado, repete, à guisa de justificação, a mesma ladainha ética ditada para o médico, concluindo-a assim: "Os senhores todos me conhecem, mas até agora só conheceram um lado meu".[18]

---

[16] Idem, p. 102.
[17] Idem, p. 16.
[18] Idem, p. 37.

A duplicação anunciada manifesta-se já no modo como o personagem dialoga consigo mesmo, ora na primeira pessoa, ora na segunda:

» "Ah, seria uma coisa — disse o senhor Golyádkin a meia-voz -, seria mesmo uma coisa se hoje eu cometesse alguma falha, se, por exemplo, acontecesse alguma esquisitice".[19]

» "Faço uma reverência ou não? Respondo ou não? Confesso ou não?"[20]

» "Entro ou não? Entro ou não? Vou... por que não ir? Sempre há passagem para o ousado?"[21]

» "Sim senhor, que figurante és! — disse o senhor Golyádkin, beliscando com a mão congelada as faces congeladas -, és um pateta, um tremendo Golyádka — assim é o teu sobrenome".[22]

» "Tua natureza é assim! — disse de si para si, dando um leve piparote na testa -, logo te deixas levar pela brincadeira, te contentas! tens uma lama verdadeira! Não, Yákov Pietróvitch, para nós dois o melhor mesmo é aguentar, esperar e aguentar".[23]

» "Arre, hoje estás bêbado, meu caro Yákov Pietróvitch, seu patife, seu Golyádka — é este o teu sobrenome!! Estás alegre por quê? Amanhã vais é choramingar, seu frouxo: o que ei de fazer contigo?"[24]

» "Estou falando lorotas, sou uma besta quadrada! eu, eu sou é um suicida duma figa! É isso, és um suicida, duma figa, sem nada a ver com... No entanto é um depravado, eis como se faz a coisa agora! Então, onde vou me meter agora? vamos, o que, por exemplo, vou fazer comigo agora? então, para que sirvo neste momento? ora, para que tu, por exemplo, serves, agora, seu Golyádkin duma figa, seu indigno duma figa!"[25]

[19] Idem, p. 10.
[20] Idem, p. 16.
[21] Idem, p. 53.
[22] Idem, ibidem.
[23] Idem, p. 91.
[24] Idem, p. 106.
[25] Idem, p. 202.

Revezam-se, no romance, duas vozes do personagem: uma exterior, tímida, hesitante e subserviente; outra interior, como se viu acima, segura e firme. Segundo Bakhtin, as duas vozes não se confundem e a segunda, que é mais complexa, será personificada no duplo. A segunda voz, inclusive, depois do surgimento do outro Golyádkin, abandonará o diálogo interior, para transformar-se paulatinamente na voz mesma do narrador:

> Com habilidade e arte notáveis, Dostoiévski obriga a segunda voz de Golyádkin a deixar, sem que o leitor se dê conta, o diálogo interior, para dentro da narração, e ela ressoa então como voz do narrador.[26]

A duplicação que se anuncia com o comportamento de Golyádkin, com sua obsessão dialógica e no modo de organização das vozes, é também refletida em dispositivos estruturais do próprio romance.

B) ESTRUTURA ESPECULAR

O romance estrutura-se especularmente. O início (antes da aparição do duplo) e o final (com a internação do Golyádkin original) repetem acontecimentos semelhantes: encontro com o médico, Clara Olsúfievna como motor para as desventuras, entrada barrada no apartamento do Conselheiro de Estado, espera em canto escuro, estada breve e inconveniente no apartamento do Conselheiro, expulsão.

Detecta-se, também, a repetição de outras situações: duas conversas com o duplo, dois encontros com ele num restaurante, duas cenas no escritório, duas alucinações com a multiplicação de Golyádkins.

A própria realidade revela-se como espelho da mente. Condições meteorológicas adversas (chuva, nevasca, neblina), por exemplo, obnubilam a visão, replicando a dificuldade de Golyádkin ver, entender o que se passa a sua volta e decidir sobre seu destino.

---

[26] BAKHTINE, Mikhail. *La Poétique de Dostoïevski* op. cit., p. 293.

A narrativa, circunscrita a uma única subjetividade, reflete os lapsos e a crescente instabilidade do protagonista, proporcionando ao leitor a mesma perplexidade:

» Lapsos espaciais ("para sua surpresa, percebeu que já estava no saguão do departamento";[27] "dando subitamente por si, percebeu que estava em algum ponto da Litiêinaia");[28]
» incertezas ("Mas será hoje?"[29]);
» instabilidade dos objetos (cartas que somem e reaparecem, um frasco de remédio misteriosamente surgido no bolso[30]);
» instabilidade do próprio discurso, uma vez que, em situações-chave, a palavra se autoanula (o criado bêbado afirma que não entregou a carta de Golyádkin a Vakhramêiev, explicando que nunca houve nenhuma carta nem tal pessoa, para em seguida desdizer-se garantindo que entregou a carta ao referido personagem[31]).

C) LEITOR-PERSONAGEM, PERSONAGEM-LEITOR

No ensaio "*The Double*: Dostoievskj's Self-Effacing Narrative", David Gasperetti[32] afirma que o objeto principal de *O duplo* é o leitor. Seduzindo-o com uma abertura convencional, filiada aparentemente ao cânone realista (o funcionário público, a fria São Petersburgo), a narrativa avança, no entanto, afastando-se dos conceitos de unidade temporal e espacial, basais para a literatura mimética.[33]

Lapsos, incertezas, instabilidade do real desorientam o leitor restrito a uma narrativa que soa pouco confiável.

---

[27] DOSTOIÉVSKI, Fiódor. *O duplo*, op. cit., p. 177.
[28] Idem, p. 204.
[29] Idem, p. 216.
[30] Idem, p. 195.
[31] Idem, pp. 143-144.
[32] GASPERETTI, David. "*The Double:* Dostoevskij's Self-Effacing Narrative", *The Slavic and East European Journal*, v. 33, n. 2, Summer, 1989, pp. 217-234.
[33] "Devagar, mas firmemente, *O duplo* releva-se como reflexo menos-que-perfeito da realidade. Em seu espelho distorcido e defeituoso, conceitos como unidade e integridade temporal, espacial e textual, simplesmente não existem". Idem, p. 221.

A credibilidade das palavras é posta em dúvida quando atestada pelas declarações do criado bêbado ou de dois funcionários mais interessados no dinheiro do que na verdade. Também as palavras escritas por Golyádkin ou lidas em cartas que somem e ressurgem não parecem lastreadas em fatos tangíveis, mas se avizinham do delírio. Gasperetti comenta que, após a expulsão da festa de aniversário — e com o aparecimento do duplo -, Golyádkin passa de agente a observador[34] de sua história. Nota-se que como observador/decifrador do mundo, o personagem confraterniza com o leitor, ecoando desorientação semelhante diante da trama:

> Alguma coisa vai acontecer por aqui; o que será que vai acontecer? Eu gostaria de saber ao certo o que de especial se esconde por trás dessa história — mais ou menos o seu objetivo, o rumo que pode tomar e os diferentes ardis aí empregados.[35]

A interpretação do mundo efetuada pelo protagonista, assim como aquela buscada pelo leitor comum, é, segundo Gasperetti, norteada por clichês literários. Se a expectativa naturalista é frustrada logo cedo, a aparição de uma carta de Clara Olsúfievna convocando Golyádkin a raptá-la, por exemplo, confundirá o leitor que tentar julgá-la pelo cânone romântico. O próprio personagem sente-se traído por sua bagagem hermenêutica "senso comum":

> Aqui o senhor Golyádkin lembrou-se a propósito e de passagem de um romance qualquer que lera havia muito tempo, no qual a heroína dera o sinal combinado a Alfred numa circunstância absolutamente semelhante, prendendo na janela uma fita cor-de-rosa. Mas agora, de noite, e ainda no clima de Petersburgo, conhecido por sua umidade e instabilidade, a fita cor-de-rosa não podia ser usada e, numa palavra, era totalmente inviável.[36]

Quando a palavra no registro da fábula está posta em xeque, o próprio narrador passa a ser desacreditado. Com os estratos do discurso, intrafabular e efabulador, problematizados, o leitor perde seu chão.

---

[34] Idem, p. 227.
[35] DOSTOIÉVSKI, Fiódor. *O duplo*, op. cit., p. 111.
[36] Idem, p. 214.

Naturalismo e romantismo são chaves de leitura inadequadas para uma obra ousada, que experimenta uma nova forma, ao mesmo tempo em que faz a crítica da subserviência russa aos modelos literários estrangeiros.[37]

D) ÚLTIMAS CONSIDERAÇÕES

O romance de Dostoiévski, segundo Meredith Anne Skura, enquadra-se entre aqueles que, antes de Freud, deslindaram os processos inconscientes. Em *The Literary Use of Psychoanalytic Process*, a autora afirma:

> Não é a mera presença ou expressão de elementos primitivos e inconscientemente apreendidos, mas a tentativa de se chegar a um termo com eles e trabalhá-los no contexto da experiência consciente o que torna os poetas os predecessores de Freud.[38]

No ensaio "O estranho" (1919), Freud considerou a duplicação como o modo do indivíduo proteger-se contra a destruição do ego, ao mesmo tempo que expressão de um narcisismo primitivo. A criação do duplo materializaria os desejos reprimidos do ego. Nessa perspectiva, *O duplo* serve ao programa freudiano. Golyádkin busca mais desesperadamente justificar-se para o outro, apresentando uma imagem ascética e autossuficiente de si mesmo, quanto mais fortes são seus impulsos contrários, ou seja, seu desejo de pertencer ao grupo que o exclui e de possuir o que lhe está vedado (o cargo de acessor; Clara Olsúfievna). O surgimento do *Doppelgänger* concretizaria o aspecto reprimido do eu.

Contudo, a leitura psicanalítica não leva em conta uma outra camada do texto, e que interessa a este estudo: a duplicação como sucedâneo de companhia. Nessa camada, é possível aproximar *O*

---

[37] Segundo Gasperetti, "[...] A seleção de Golyádkin da literatura alemã e francesa como alvos de sua ira é notável. A sombra lançada sobre a ficção em prosa russa dos anos 1840 pelo naturalismo francês e pelo romantismo alemão é também evidente em *O duplo*". GASPERETTI, David. "*The Double:* Dostoevskij's Self-Effacing Narrative", op. cit., p. 230.

[38] SKURA, Meredith Anne. *The Literary Use of Psychoanalytic Process*. New Haven: Yale University Press, 1983, apud Breger, Louis. *Dostoevsky: The Author as Psychoanalyst*. New York: Transaction, 1989, pp. 5-6.

Duplo de Dostoiévski de obras como *Improviso de Ohio, Companhia* e *Fim de Partida* de Beckett.

Assim, ainda que Dostoiévski esclareça sobre mecanismos psíquicos que Freud veio a conceituar, e a conexão dos dois autores seja pertinente, aqui interessa entender os procedimentos estéticos que constroem o personagem e seu mundo, e exploram, por um outro viés, a duplicação.

Segundo Bakhtin, a intriga de *O duplo* pode ser compreendida como a tentativa do senhor Golyádkin substituir o outro por si-mesmo, ao ver-se completamente rejeitado.[39] E, de fato, não bastasse seu ínfimo — senão nenhum — papel social, Golyádkin mostra-se como um estorvo para o médico:

> Pelo visto Crestian Ivánovitch [o médico] não esperava em absoluto e também não desejava ver pela frente o senhor Golyádkin [...].[40]

É vítima do descrédito e da zombaria dos colegas de trabalho:

> [...] os senhores registradores estavam plenamente satisfeitos [com a fala de Golyádkin e], de repente ambos rolaram de rir numa atitude de extrema descortesia.[41]

Suas tentativas de socialização são equivocadas e geram indignação no interlocutor:

> — Eu, meu senhor [Golyádkin], fiquei grisalho no serviço público e na minha velhice não permito que me digam insolências...
> - Não, Anton Antónovitch, veja, Anton Antónovtich, parece que o senhor não me entendeu direito, Anton Antónovitch [...].[42]

Não é reconhecido por sua Excelência, a quem considera como pai:

> – Vim me explicar...
> – Como?... O quê?...
> – Sim, com esse fim, pois sabe como é, vim me explicar, Sua Excelência...
> – Sim, o senhor... mas quem é o senhor?...[43]

---

[39] BAKHTINE, Mikhail. *La Poétique de Dostoïevski* op. cit., p. 295.
[40] DOSTOIÉVSKI, Fiódor. *O duplo*, op. cit., p. 19.
[41] Idem, p. 38.
[42] Idem, p. 114.
[43] Idem, p. 207.

É expulso sem cerimônia da festa de Clara Olsúfievna; sente-se cercado por inimigos, entendendo a complicação da trama em que se enredou como conspiração:

> Atrás dele se espalharam os lancinantes e frenéticos gritos de despedida de todos os seus inimigos.[44]

Nota-se, portanto, que o romance inicia com Golyádkin já duplicado, senão concreta e exteriorizadamente, porém, internamente cindido para compensar o vazio deixado pelos outros. Como se viu, não se trata apenas de o personagem dialogar consigo mesmo, mas de haver criado para isso uma voz singular e assertiva, admoestadora e antípoda de sua voz cotidiana.

A segunda voz, que é e não é Golyádkin, e que lhe supera em audácia e satisfação, aparta-se dele, como já se disse, e se concretiza no duplo, depois da expulsão da festa. Como nota Bakhtin, a segunda voz tem de "livrar a cara"[45] e descolar-se do herói fracassado para perdurar. O duplicado, então, trairá o original e o perseguirá: "O conflito interior se dramatiza; assim começa a intriga de Golyádkin com seu outro eu".[46]

A cisão interna como compensação da falta de um outro efetiva-se, portanto, no aparecimento do duplo, mas também num tom de voz mais saliente para o narrador:

> O narrador se apossa das palavras e dos pensamentos de Golyádkin, das palavras da segunda voz, reforça as notas zombeteiras e trocistas que já se encontram nela, e descreve, neste tom, cada ação, cada gesto, cada momento do herói.[47]

O narrador e o *Doppelgänger* são derivações da voz interior do personagem, e, pode-se dizer, constituem, juntos, a instância crítica interna à obra.

O *Doppelgänger*, por exemplo, a princípio "decifrado" por Golyádkin como um irmão, como companheiro inseparável, cúm-

---

[44] Idem, p. 232.
[45] BAKHTINE, Mikhail. *La Poétique de Dostoïevski* op. cit., p. 296.
[46] Idem, ibidem.
[47] Idem, p. 299.

plice para artimanhas e intrigas, logo voltará as costas ao original.[48] O senhor Golyádkin segundo substituirá o senhor Golyádkin primeiro no escritório sem escrúpulos, e conquistará a confiança dos superiores e a simpatia dos colegas, lançando mão de rapapés e astúcia. Os instrumentos usados pelo sósia são exatamente aqueles condenados pelo protagonista publicamente, em suas ladainhas éticas e justificantes, mas fomentados em seu interior. O duplo, desse modo, explicita as más intenções veladas do original, voltando-as, em ato e palavras, contra ele:

> essa transferência de palavras da boca de um para a [boca] de outro, em que, mantendo o mesmo conteúdo, [as palavras] mudam de tom e de significado último, é um dos procedimentos básicos de Dostoiévski.[49]

A duplicação obriga o personagem a "reconhecer suas próprias ideias, suas palavras, suas atitudes, seus gestos em um outro homem".[50] A consciência de si, chamada por Bakhtin de realidade de segundo grau, é estrategicamente arquitetada pelo romance (pode-se dizer, pelos romances de Dostoiévski). Do mesmo modo, o narrador, ao usurpar expressões do personagem em chave derrisória, realiza, ao lado do *Doppelgänger*, o propósito reflexivo da obra.

O motivo do *Doppelgänger* não resume a importância de *O duplo*. O traço fantástico, comum a *O nariz* e a *O capote* de Gogol, por exemplo, dilui-se num romance mais interessado na mecânica subjetiva e na forma literária de expressá-la. A força do romance reside na triplicação da voz do personagem: sua voz submissa no trato cotidiano e sua voz interior assertiva, concretizada no duplo e assimilada pelo narrador. As consequências dessa "trifonia"[51] é, em primeiro lugar, a exploração exaustiva de uma consciência (tanto

---

[48] "As palavras usadas pelo senhor Golyádkin no diálogo com seu duplo, contrárias aos princípios éticos que ele mesmo professava, acabarão sendo fatais para ele, pois o outro as usará para desmoralizá-lo aos olhos dos colegas de repartição e dos superiores". BEZERRA, Paulo. "O laboratório do gênio», in DOSTOIÉVSKI, Fiódor. *O duplo*, Paulo Bezerra (trad.). São Paulo: Editora 34, 2011, p. 244.
[49] BAKHTINE, Mikhail. *La Poétique de Dostoïevski* op. cit., p. 297.
[50] Idem, ibidem.
[51] Para Bakhtin, a organização das vozes em *O duplo* não configura ainda a estrutura polifônica (na qual os personagens não aparecem submissos à consciência do autor) das obras da maturidade; no entanto, não é mais uma obra homofônica. Idem, p. 303.

em viés patológico quanto de denúncia da estrutura social vigente); em segundo lugar, o deslocamento do leitor para uma posição inusitada: a narrativa não se dirige principalmente a ele, mas dele se distancia progressivamente em prol do personagem. "Tem-se a impressão" — afirma Bakhtin – "de que a narrativa é dialogicamente voltada para o próprio Golyádkin, que ela soa em suas orelhas."[52]

O leitor é capturado na intrincada trama da divisão de uma personalidade e, junto com Golyádkin, vê-se confrontado com uma dimensão humana que, segundo Dostoiévski, é dever moral conhecer.[53]

1.3. Duplicação industrial: *O homem duplicado*

No célebre ensaio "A obra de arte na era de sua reprodutibilidade técnica"[54] (1936), Walter Benjamin identifica na arte cinematográfica um potencial emancipatório, educativo e, portanto, fundamentável na prática política.[55]

Se a reprodutibilidade técnica inaugura um segundo período para a longa história da arte, o cinema o remata e o radicaliza.

A obra de arte, segundo Benjamin, antes fundamentada no sagrado e na tradição, na unicidade, na durabilidade, na recepção contemplativa e individual, valorada por conceitos como gênio, autenticidade, eterno, aura, passa, com a reprodução, a ter uma existência em série, secularizada e transitória, e alcança com o cinema uma recepção abrangente e uma ação social potencialmente transformadora.

A técnica, no entanto, tem um caráter paradoxal. Inventada pelo homem, também o pode subjugar.

---

[52] Idem, p. 299.
[53] BEZERRA, Paulo. "O laboratório do gênio", op. cit., p. 238.
[54] BENJAMIN, Walter. "A obra de arte na era da sua reprodutibilidade técnica", in *Magia e técnica, arte e política – ensaios sobre literatura e história da cultura*, v. 1. São Paulo: Brasiliense, 1987.
[55] O ponto de partida do ensaio, entretanto, não é o caráter progressista do cinema, mas "sua apropriação pelo fascismo". GATTI, Luciano. *Constelações – crítica e verdade em Benjamin e Adorno*. São Paulo: Loyola, 2009, p. 268.

Por um lado, alberga tendências progressistas e é capaz, como no caso do cinema, de "exercitar[-nos] nas novas percepções e nas reações exigidas por um [aparato] técnico cujo papel cresce cada vez mais em [nossa] vida cotidiana".[56] Ou seja, o cinema, por conta de seu caráter industrialmente reprodutível, e de seu procedimento por choques,[57] pode cumprir a tarefa histórica de integrar o aparato técnico às enervações humanas e, portanto, fornecer-nos um novo instrumental perceptivo, em escala individual, e, em escala histórica, capacitar-nos ao reposicionamento político.

Por outro lado, contudo, a técnica alberga tendências regressivas, constatadas, por exemplo, na apropriação fascista do cinema como meio de dominação das massas. Benjamin explica:

> Na época de Homero, a humanidade oferecia-se em espetáculo para si mesma. Sua autoalienação atingiu o ponto que lhe permite viver sua própria destruição com um prazer estético de primeira ordem. Eis a estetização da política como a pratica o fascismo.[58]

Os filmes de Leni Riefenstahl podem ilustrar o que o ensaísta entende por autoalienação e estetização da política: ao aparecerem organizadas em grandiosos comícios e desfiles nas telas de cinema, as massas não apenas se veem reproduzidas, mas passam a se pautar pelas imagens em que se testemunham.

A expectativa benjaminiana de um cinema a serviço da prática política não vinga. O cinema, em regime capitalista, manteve-se como máquina propagadora de mistificação, mas, fora da ditadura nazifascista, tem como produto (ou dejeto) algo menos monumental, mas não menos monstruoso, e denunciado pelo romance *O homem duplicado* (2002), de José Saramago: a homogeneização. O protagonista de *O homem duplicado* reitera a tese ao meditar sobre o poder ideologizante do cinema:

> [...] o cinema, modo de contar histórias que, por via de uma particular eficácia, actua sobre os próprios conteúdos da História, de alguma ma-

---

[56] BENJAMIN, Walter. "A obra de arte na era da sua reprodutibilidade técnica", op. cit., p. 174.
[57] GATTI, Luciano. *Constelações – crítica e verdade em Benjamin e Adorno*, op. cit., p. 229.
[58] BENJAMIN, Walter. "A obra de arte na era da sua reprodutibilidade técnica", op. cit., p. 196.

neira os contaminando e deformando, [...], participa, [...], na propagação generalizada de toda uma rede desses sinais ideológicos, em regra interessadamente orientados.[59]

Se o que se previa era a superação das relações de produção vigentes, condicionadas pelo desenvolvimento das forças produtivas,[60] o que Saramago retrata em sua obra é a assimilação pela sociedade e pelos indivíduos do modelo produtivo, serializado, mecanizado e padronizador.

Pode-se simplificar o enredo de *O homem duplicado* assim: assistindo a um filme de vídeo, para distrair-se da depressão, Tertuliano Máximo Afonso, o protagonista, depara com um ator (secundário, praticamente um figurante) idêntico a ele. Procura-o em um primeiro impulso, quer se afastar dele em um segundo momento, e, depois que o duplo morre, usurpa sua identidade, sendo, por fim, encontrado por um outro similar, o qual pretende matar.

A trama multiplica o tema em questão, entrelaçando vários fenômenos duplicativos — o filme de vídeo, a rotina (enquanto repetição), o *déjà vu*, os *Doppellgänger*. Além disso, faz dos nomes dos personagens principais espelhos de suas funções e dos títulos dos filmes de vídeo, em que o duplo aparece, minirreflexos do enredo. São também minirreflexos do enredo o interesse do protagonista pela história da Mesopotâmia, o que será elucidado a seguir.

Como se disse, o romance de Saramago trata do tema da duplicação por um produto recente da reprodução técnica: o filme de vídeo. O vídeo constitui artefato para uso doméstico e muitas vezes solitário; no caso de *O homem duplicado*, apresenta-se como paliativo da vida insípida, distração para o humor melancólico e depressivo. Como explica o narrador:

> [...] Tertuliano Máximo Afonso anda muito necessitado de estímulos que o distraiam, vive só e aborrece-se, ou, para falar com a exactidão clínica que a actualidade requer, rendeu-se à temporal fraqueza de ânimo ordinariamente conhecida por depressão.[61]

---

[59] SARAMAGO, José. *O homem duplicado*. São Paulo: Companhia das Letras, 2008, p. 87.
[60] "[...] o desenvolvimento das forças produtivas apresenta as condições para a superação das relações de produção vigentes". GATTI, Luciano. *Constelações – crítica e verdade em Benjamin e Adorno*, op. cit., p. 238.
[61] SARAMAGO, José. *O homem duplicado*, op. cit., p. 7.

Para mitigar sua patologia, o personagem aceita conselho de um colega: que "se entretenha a ver uns filmes como quem toma tranquilizantes".[62]

Tertuliano Máximo Afonso, que até então buscara ludibriar a "maldita rotina"[63] diversificando os enlatados que abria nas refeições, ou diversificando o prato escolhido no mesmo menu de um invariável restaurante, tem sua vida abalada por um produto de reprodução técnica e repetição ideológica, uma comédia de vídeo.

Em Poe e Dostoiévski, o encontro com o duplo mobilizara pânico. William Wilson e Golyádkin manifestam pavor ao deparar com seus congêneres. Tertuliano também "eriça os pelos" diante da descoberta feita por meio do vídeo, mas não se trata, desta vez, de uma dimensão íntima do sujeito que se concretiza, porém de uma dimensão extrassubjetiva (os meios de produção) que se transubjetiva. O narrador de *O homem duplicado* discorre sobre essa ideia ao supor a existência de um novo tipo de instinto, classificado de sociocultural, que operaria por meio de estímulos repetidos e obrigaria os seres humanos a idênticas ações:

> As ações dos seres humanos, apesar de não serem já dirigidas por irresistíveis instintos hereditários, repetem-se com tão assombrosa regularidade que cremos ser lícito, sem forçar a nota, admitir a hipótese de uma certa mas constante formação de um novo tipo de instinto, supomos que sociocultural será a palavra adequada, o qual, induzido por variantes adquiridas de tropismos repetitivos, e desde que respondendo a idênticos estímulos, faria com que a idéia que ocorreu a um tenha necessariamente de ocorrer a outro.[64]

O enredo de *O homem duplicado* desenvolve-se pontuado por reflexões sobre a condição onisciente do narrador. Os estratos metanarrativos e metalinguísticos da obra ironizam o gênero praticado, e a obra mesma parece estar balizada pelo mecanismo que critica.

O narrador ironiza, por exemplo, sua onisciência, ao declarar:

---

[62] Idem, p. 12.
[63] Segundo o personagem, ele se aborrece com a "maldita rotina, esta repetição, este marcar passo». Idem, p. 10.
[64] Idem, p. 168.

> o privilégio de que gozamos, este de saber tudo quanto haverá de suceder até a última página deste relato, [tem] excepção [com o] que ainda vai ser preciso inventar no futuro...[65]

Também ironiza os poderes telepáticos que exerce sobre o protagonista, ponderando que

> [há] alturas da narração [...] em que qualquer manifestação paralela de ideias e de sentimentos por parte do narrador à margem do que estivessem a sentir ou a pensar nesse momento as personagens deveria ser expressamente proibida pelas leis do bem escrever. A infracção, por imprudência ou ausência de respeito humano, a tais cláusulas limitativas, que, a existirem, seriam provavelmente de acatamento não obrigatório, pode levar a que a personagem, em lugar de seguir uma linha autónoma de pensamentos e emoções coerente com o estatuto que lhe foi conferido, como é seu direito inalienável, se veja assaltada de modo arbitrário por expressões mentais ou psíquicas que, vindas de quem vêm, é certo que nunca lhe seriam de todo alheias, mas que num instante dado podem revelar-se no mínimo inoportunas, e em algum caso desastrosas. Foi precisamente o que sucedeu a Tertuliano Máximo Afonso.[66]

Manifesta-se sobre suas escolhas estéticas, no caso, a opção de, apesar de onisciente, calar sobre um assunto:

> É verdade que pensava, e muito, e com intensidade, mas os pensamentos dele eram a tal extremos alheios ao que nas últimas vinte e quatro horas tinha andado a viver, que se resolvêssemos tomá-los em consideração e os trasladássemos a este relato, a história que nos havíamos proposto contar teria de ser inevitavelmente substituída por outra.[67]

Ele pode, inclusive, questionar sobre a abrangência do termo romance para um gênero literário hoje tão instável:

> De acordo com as convenções tradicionais do género literário a que foi dado o nome de romance e que assim terá de continuar a ser chamado enquanto não se inventar uma designação mais conforme às suas actuais configurações...[68]

---

[65] Idem, p. 218.
[66] Idem, pp. 29-30.
[67] Idem, p. 47.
[68] Idem, p. 236.

O gênero romance, além disso, é meditado, juntamente com o filme, como fenômeno da indústria cultural[69] que tem ação mediadora entre o sujeito e o mundo. Podem-se pensar os produtos direcionados para as massas como produtos cada vez mais semelhantes entre si, apesar de sua variedade. Filmes e romances, dentro dessa lógica, são artefatos ao mesmo tempo pasteurizados e pasteurizadores.

O homem duplicado refere-se a essa realidade em várias passagens:
» ao realçar a qualidade narcotizante do filme de vídeo ("ver uns filmes como quem toma tranquilizantes"[70]), o professor de matemática simplesmente reitera o caráter anti-iluminista e antidesmistificador dos produtos da indústria cultural, tal como Adorno e Horkheimer alertavam já em 1947, pontuando sobre o modo como a indústria cultural "impede a formação de indivíduos autônomos, independentes"[71];
» a sensação de *déjà vu*,[72] experimentada pelo protagonista em relação ao gabinete do diretor da escola, é explicada pelo narrador como reminiscência da leitura de um romance que haveria descrito um outro gabinete, um outro diretor, uma outra escola,[73] como se vida e "arte" estivessem confundidas, mas, no caso, a vida copiasse a arte;
» como leitora assídua de romances, a mãe do protagonista pode avaliar o significado de telefones que tocam sem serem esperados ou tocam ao serem esperados e decifrar o significado do toque de seu telefone,[74] tornando-se criatura, ao mesmo tempo intra e extrafabular, vítima e crítica da situação em que está posta;

---

[69] Os fenômenos da indústria cultural devem ser entendidos como produtos e, ao mesmo tempo, como sua propaganda, reproduzindo objetos estandardizados e, ao mesmo tempo, estandardizantes. ADORNO, T. W. "A indústria cultural", in *Sociologia*, Gabriel Cohn (org.). São Paulo: Ática, 1994.
[70] SARAMAGO, José. *O homem duplicado*, op. cit., p. 12.
[71] ADORNO, T. W. "A indústria cultural", in *Sociologia*, Gabriel Cohn (org.), op. cit. p. 99.
[72] "Sempre que [Tertuliano] aqui entrava [no gabinete do diretor da escola] tinha a impressão de já ter visto este mesmo gabinete noutro lugar, era como um desses sonhos que sabemos ter sonhado, mas que não conseguimos recordar quando despertamos". SARAMAGO, José. *O homem duplicado*, op. cit., p. 69.
[73] "[...] possivelmente o que lhe aconteceu foi ter lido um dia num romance ou num conto a lacônica descrição de um outro gabinete, de um outro diretor de uma outra escola [...]". Idem, ibidem.
[74] Idem, pp. 119-200.

» o duplo, António Claro, interpreta as poucas informações que tem sobre Tertuliano Máximo Afonso, segundo os enredos sentimentais dos filmes em que costuma atuar, e acerta sobre o papel de amante de Maria da Paz na vida daquele.[75].

A própria obra, *O homem duplicado*, apresenta-se inserida na mecânica industrial que denuncia, quando se rende ao pastiche. Nota-se o apotegma enfático demais como "*o* vinho foi servido e em seu tempo saboreado, agora há que beber o resto azedo que ficou no fundo do copo"[76] logo no início da trama. Apesar de transcorrer no fim do século XX, a fábula atém-se ao chavão romântico do casamento como bem supremo, e Maria da Paz pede ao amado: "importas-te que diga à minha mãe [que se vão casar], levava a vida à espera desta alegria".[77] A reação do protagonista diante da notícia da morte da amante soa exagerada, melodramática, quando aposta ao modo egoísta e frio com que ele sempre a tratara: "E as lágrimas e os soluços lhe sacudiram o peito. Neste momento ama Maria da Paz como nunca a tinha amado antes nem nunca a chegaria a amar no futuro".[78]

A duplicação é recriada também, como se disse, no nome dos personagens e nos títulos dos filmes em que o duplo atua.

Tertuliano[79] Máximo Afonso, nome tripartido, parece referir-se aos três personagens iguais descritos na obra. António Claro, o antagonista, e segundo a entrar na trama, tem nome bipartido, e usa um pseudônimo — Daniel Santa-Clara -, que remete a sua profissão — ator -, sendo Santa-Clara a padroeira da televisão. O nome Maria da Paz espelha o destino da personagem, adiantando sua morte prematura.

Os títulos dos filmes miniaturizam fatos da história ou o tema da obra: "Um homem como qualquer outro" ironiza a duplicação; "O alarme tocou duas vezes" refere-se ao soar do telefone usado

---

[75] Idem, p. 218.
[76] Idem, p. 59.
[77] Idem, p. 241.
[78] Idem, p. 266.
[79] Tertuliano, apologeta cristão, é responsável pela obra mais antiga disponível sobre a trindade.

no enredo como detonador de suspense; "A morte ataca de madrugada" alude diretamente à morte de António Claro e Maria de Paz; "A vida alegre" (cópia de "A viúva alegre") adianta a viuvez de Helena; "O paralelo do terror", ao deslocar o sentido geográfico de paralelo para o sentido de duplicação, reitera o terror com que os personagens deparam com seus congêneres; finalmente, "Quem porfia mata caça" resume o enredo, pois elenca as principais ações do protagonista.

O interesse de Tertuliano Máximo Afonso pela história da Mesopotâmia amolda-se ao modelo duplicativo da obra, quando a História Antiga vê-se refletida nas histórias pessoais: a inextinguível roda de ascensão e queda de reinos e impérios por meio da guerra ilumina a aparentemente inextinguível luta de Tertuliano pela unicidade; o exercício da lei de talião, prescrita no código de Hamurabi, governa o comportamento de António Claro, quando se vinga do protagonista, seduzindo sua amante.[80]

Sobre *O duplo* de Dostoiévski, destacou-se a importância da voz interior, que se desvincula de Golyádkin para desdobrar-se no próprio duplo, e cujo tom é absorvido gradativamente pelo narrador. Em *O homem duplicado*, Saramago também inclui uma voz interior na trama e chama-a de Senso Comum. Nesse caso, porém, não se trata de uma voz compensatória a salvaguardar a dignidade ferida, ou buscadora de companhia, e sim de uma voz admoestadora e razoável, mais próxima do que se entende por bom senso.

O dicionário Lalande (de vocabulário filosófico) discrimina três significados para a expressão francesa "*sens commun*": o sentido filosófico-aristotélico que diz respeito a unidade sensível do sujeito e do objeto percebido; o sentido prescrito pela escola escocesa, que o compreende como natureza essencial do homem; e o sentido atri-

---

[80] "[...] levar a amante de Tertuliano Máximo Afonso para a cama à falsa fé [passando-se pelo outro], além de responder à bofetada com uma bofetada mais sonora, será, imagine-se o absurdo propósito, a mais drástica maneira de desagravar a dignidade ofendida de Helena, sua mulher" e, mais adiante, "Se tu vais dormir com a minha mulher [pensa Tertuliano], eu vou dormir com a tua, isto é, olho por olho, dente por dente, como manda a lei de Talião". SARAMAGO, José. *O homem duplicado*, op. cit., pp. 226 e 268.

buído pela filosofia contemporânea como conjunto das opiniões geralmente aceitas.[81]

Os personagens de Saramago parecem agir sob o signo desse terceiro sentido de "senso comum", sobretudo ao duplicarem-se e pautarem-se pelos *mass media*. A voz interior, porém, nomeada Senso Comum, seria, pelo contrário, uma instância razoadora, por isso mais próxima do que o mesmo Lalande prescreve como *bon sens*: "Capacidade de bem julgar, com sangue frio e medida, sobre questões concretas que não são suscetíveis de serem resolvidas por um arrazoamento rigoroso".[82] O próprio Senso Comum se considera apartado das opiniões gerais e generalizantes ao declarar: «Devias saber [diz a Tertuliano] que estar de acordo nem sempre significa compartilhar uma razão, o mais de costume é reunirem-se pessoas à sombra de uma opinião como se ela fosse um guarda-chuva».[83]

No decorrer da obra, o Senso Comum aconselha Tertuliano Máximo Afonso sempre aos caminhos menos turbulentos e também o censura, quando, invariavelmente, sua sugestão é impugnada. É durante a trama tachado de "conservador", "capítulo da estatística", "demasiado comum para ser senso", e no final, vê-se descartado para sempre, quando o protagonista abdica de sua identidade e rende-se à possibilidade de ser um outro.

A voz interior seria responsável pelo resguardo da singularidade do sujeito, e pode ser esquecida quando a diferenciação torna-se menos importante que a paradoxal e ilusória renovação do mesmo.

---

[81] LALANDE, André. *Vocabularie technique et critique de la Philosophie*. Paris: PUF, 1988.
[82] Não cabe, no caso em questão, os sentidos da razão cartesiana e da normalidade oposta à loucura, também sugeridos por Lalande. Idem, p. 970.
[83] SARAMAGO, José. *O homem duplicado*, op. cit., p. 52.

2. VOZES ACUSMÁTICAS E COMPANHIA

> "[...] aqui sou apenas um mero
> boneco de ventríloquo [...]"
> Textos para nada
>
> *Samuel Beckett*

O *Doppelgänger* é um dos modos de duplicação de personagem, definido pelo efeito autoscópico gerado — a visão de si mesmo num outro -, e pela ação multiplicativa. Há, contudo, outro modo duplicativo, em que o personagem não se multiplica, nem duas nem mais vezes, mas se duplica por cisão.

Na peça teatral *That Time* (1974) e no texto em prosa *Companhia* (1980), por exemplo, Samuel Beckett institui um jogo entre imagem e voz, em que esta comparece separada de seu suposto emissor ou pensador. Detecta-se o personagem, mas sua voz manifesta-se fora dele. Trata-se do que se chamará de voz acusmática.[84]

No *Traité des objets musicaux*, o concretista francês Pierre Schaeffer apresenta uma definição do adjetivo acusmático: "refere-se ao som que se ouve sem que se vejam suas causas".[85] O termo "*acousmatic listening*", cunhado por Schaeffer,[86] diz respeito à experiência da escuta reduzida ao domínio da audição. No presente ensaio, contudo, o termo irá se restringir a vozes dissociadas de um emissor visível.[87]

Segundo Gontarski e Ackerley, no verbete "voz" de seu abrangente guia de leitura beckettiano, explorar o mistério da voz, suas

---

[84] Vozes acusmáticas comparecem também em obras como Rockaby, Footfalls, *Eh joe, Molloy, O inominável, Como é,* para citar algumas.
[85] SCHAEFFER, P. *Traité des objets musicaux*. Paris: Le Seuil, 1966.
[86] "Treinado como engenheiro de rádio e anunciante, Schaeffer era fascinado pelo fato de que o rádio e a gravação tornaram possível uma nova experiência do som – que ele chamou de 'audição reduzida' ou 'audição acusmática' (*acousmatica listenins*) –, e que abria um novo campo sonoro – [...], os objetos de 'audição acusmática'". COX, Christoph e VARNER, Daniel. *Audio Culture: Readings in Moderns Music*. New York: Contiuum Publishing, 2004, p. 76. Beckett também se interessou por essas tecnologias, criando peças de rádio e de teatro, em que destacava, no caso, a qualidade acusmática da voz.
[87] Sobre vozes acusmáticas, cf. DOLAR, Mlades. "The Acousmatics of the Voice", in *A Voice and Nothing More*. Cambridge: The MIT Press, 2006, pp. 60-71, apud WEST, Sarah. *Say It: The performative voice in the dramatic works of Samuel Beckett*. Tese de doutoramento, Universitat Pompeu Fabra, Departament d'Humanitas, Barcelona, May, 2008.

ambiguidades e paradoxos, é "a mais profunda criação literária de Samuel Beckett".[88]

A separação ocorrida no século passado entre a voz e sua fonte, por meio da transmissão radiofônica e do gravador,[89] estimulou, na obra de Beckett, uma tradução literária e dramática que se tornou, ao mesmo tempo, investigação abrangente de temas filosóficos e teóricos como o tempo, a memória, a verdade, a efabulação e a mecânica da própria linguagem.

2.1. *A última gravação de Krapp*

Pense-se, por exemplo, na peça *A última gravação de Krapp*, de 1958, escrita pouco depois da invenção do gravador magnético.[90] A técnica aqui é assimilada imediatamente por Beckett como instrumento reflexivo. Se não se pode falar em *Doppelgänger*, pois o duplo não está presentificado no campo visual do personagem, a peça não deixa de duplicá-lo, oferecendo aos espectadores a imagem do Krapp velho conjuntamente à voz do jovem Krapp tocada no gravador.[91]

"A temática da voz é configurada [na obra de Beckett]", explica Bruno Clément, "quase ao mesmo tempo que a [temática] da imagem, no começo dos anos cinquenta".[92] Na verdade, Beckett instaura uma mecânica nova entre voz e imagem. Na falta de uma dramaturgia aristotélica, dialógica, na falta, enfim, do conflito no registro fabular, este é deslocado para a própria teatralidade. Em *A última gravação de Krapp*, o contraste entre a *imagem* do velho arruinado e patético, restrito em sua concupiscência às bananas que

---

[88] GONTARSKI, S. E. e ACKERLEY, C. J. *The Grove Companion to Samuel Beckett – A reader's guide to his works, life, and thought*. New York: Grove, 2004, p. 607.
[89] "O século passado foi o primeiro a confrontar a separação da voz em relação a sua fonte, e depois a gravá-la". Idem, p. 608.
[90] Beckett viu um gravador pela primeira vez no estúdio da BBC em Paris, em janeiro de 1958. Em fevereiro de 1959, começava a escrever *A última gravação de Krapp*. KNOWLSON, James. *Damned to Fame – The Life of Samuel Beckett*. London: Bloomsbury, 1997, p. 444.
[91] A voz do Krapp jovem faz referência a um relato recém-ouvido, de uma fita de anos passados, sobre um Krapp ainda mais novo. Portanto, Beckett reúne na peça três Krapps de três épocas diferentes.
[92] CLÉMENT, Bruno. *La Voix Verticale*. Paris: Belin, 2012, p. 288.

devora, e a *voz* soberba do jovem Krapp, afirmando estar "na crista da onda" e, principalmente, gabando-se por haver abandonado o amor para dedicar-se a sua obra-prima literária, é o que propicia o interesse do público por uma peça praticamente estática.

Assim afirmam Knowlson e Pilling em *Frecoes of the Skull*:

> A justaposição da aparência física do velho e da voz confiante, até arrogante, que era a [voz] dele trinta anos antes — *e* que caracterizava toda sua aparência naquele tempo — ambas intensificam-se e modificam o *pathos* da presença de Krapp. Pois declínio, perda, fracasso e desilusão são mostradas concretamente e o espectador se torna agente ativo, ouvindo e observando, e capaz de acessar a distante vastidão que separa Krapp velho, com sessenta e nove anos, de seu *Self* anterior.[93]

Pode-se dizer, ainda, que a separação entre voz e imagem é uma cisão de tipo "patológica", ou seja, uma cisão que permite o estudo do sentimento. Como sugere West, em *A Última gravação de Krapp* "a plateia não apenas ouve o som de uma voz, ela assiste ao efeito dessa voz sobre o ouvinte".[94]

A plateia acompanha o personagem num percurso que vai da erupção da memória involuntária (o ensejo de ouvir a fita específica em que disse adeus ao amor), passa pela tentativa malograda de identificação com o passado (Krapp não entende mais as escolhas de seu *Self* antigo) e termina na constatação do engodo, ou armadilha incontornável do homem no Tempo: "não estamos meramente mais cansados por causa de ontem, somos outros [...]".[95]

Segundo Proust, existem dois tipos de memória, a voluntária, que funciona como um arquivo a que se pode recorrer no ato da reminiscência, e a memória involuntária, que irrompe sem ser solicitada, atualizando o passado de modo tão vívido a ponto de avizinhar-se da experiência mística. Para Proust, a memória involuntária é salvífica, pois pode libertar o sujeito da narcose do hábito. O episódio da *madeleine* molhada no chá é o exemplo máximo desse mecanismo, e o que autorizou o autor a equacionar literariamente vida,

---

[93] KNOWLSON, J. e PILLING, J. *Frescoes of the Skull*. London: John Calder, 1979, p. 83.
[94] WEST, Sarah. *Say It: The performative voice in the dramatic works of Samuel Beckett*, op. cit., p. 50.
[95] BECKETT, Samuel. *Proust*, A. Nestrovski (trad.). São Paulo: CosacNaify, 2013, p 11.

memória e arte.[96] *Em busca do tempo perdido* é a tradução literária desse *temps retrouvé*.

Mas a *madeleine* de Krapp é a banana[97] e sua memória involuntária opera derrisoriamente. O passado redescoberto do velho ao ouvir a fita que gravou quando jovem não se traduz em impulso para a construção artística, mas é, ao contrário, a constatação do fiasco resultante em ter seguido durante toda a vida uma revelação epifânica: dizer adeus ao amor, enfurnar-se no escuro de sua alcova e tentar erigir um monumento literário.

Quando o hábito — garantia da ilusão da continuidade do desejo — é quebrado, a "verdade" aparece. Ao Krapp velho — sozinho e derrotado, cujo feito literário máximo foi ter vendido alguns exemplares de seu livro a soldo, para bibliotecas de além-mar — é revelado, na noite que a peça encena, o engodo em que caiu. O sujeito muda, toda epifania vem com prazo de validade. Seu pacto com a escuridão — o abandono do amor para escrever uma obra-prima — não deu em nada. Mesmo o hábito de gravar fitas anualmente, para registrar momentos memoráveis de seu ano, não lhe afiançou a continuidade subjetiva.

A cisão encenada entre a imagem do velho e as aspirações vocalizadas do jovem é o que permite a Beckett responder sintética e contrariamente ao otimismo proustiano, fazendo do "gêiser mnemônico", sobretudo, motivo de derrota e dúvida.

Mais duas considerações sobre essa peça:
1) A cisão "pathológica", orquestrada por Beckett, é duplicada cenograficamente no jogo entre claro e escuro: o foco de luz sobre a mesa é circundado de escuridão; o figurino do personagem é preto e branco. A cisão está também espelhada em várias imagens referidas pelo Krapp jovem: a bola preta, a enfermeira branca, o carrinho de bebê preto, o cachorro branco etc. E, so-

---

[96] GONTARSKI, S. E. e ACKERLEY, C. J. *The Grove Companion to Samuel Beckett – A reader's guide to his works, life, and thought*, op. cit., p. 458.
[97] Lembre-se que a rubrica inicial da peça prescreve uma pantomima em que, entre outras ações, Krapp retira por duas vezes uma banana da gaveta, descasca-as, mantém-nas na boca sem morder por um momento, devorando-as depois.

bretudo, tem sua imagem mais precisa num incompreensível equinócio:

> ... Hum... Memorável... O quê? [Krapp olha mais de perto *o livro de registro*] Equinócio, memorável equinócio. [Ele ergue a cabeça, olha para frente sem expressão. Confuso] Memorável equinócio?[98]

O equinócio, fenômeno astronômico no qual o dia e a noite têm a mesma duração, lido a contrapelo, divide a vida do personagem quando ele opta pela escuridão.

2) A utilização do gravador como elemento dramático permite a Beckett retratar a experiência transtemporal sem recorrer ao fantástico ou ao fantasmático, como é o caso do poema *Doppelgänger* de Heinrich Heine:

> A noite está calma, as ruas descansam,
> Nessa casa viveu meu amor,
> Ela deixou a cidade há muito tempo,
> Mas a casa permanece no mesmo lugar.
>
> Aí permanece também um homem que olha para o alto,
> E aperta as mãos em agonia;
> Eu tremo quando vejo o seu rosto, -
> A Lua me mostra minha própria figura.
>
> Você, *Doppelgänger*!, você, pálido companheiro!
> Por que remedar o sofrimento,
> Que me atormentou neste local,
> Por tantas noites em tempos passados?[99]

O sujeito no poema de Heine é assombrado pelo passado. O tormento não se deve apenas à permanência fantástica do duplo no local da perda do amor, mas ao fato de que toda a reencenação é um tipo de remedo. A duplicação, nesse caso, aprofunda a dor do

---

[98] BECKETT, Samuel. *Samuel Beckett – The Complete Dramatic Work*. London: Farber and Farber, 1990. p. 217.

[99] HEINE, Heinrich. *Säkularausgabe*, v. I, H Böhm (ed.). Berlim/Paris, 1979, p. 102, apud WEBBER, Andrew J. *The Doppelgänger – double Visions in German Literature*. Oxford: Clarendon Press, 2003, p. 13. No original: "*Still ist die Nacht, es ruhen die Gassen,/ In diesem Hause wohnte mein Schatz; Sie hat schon längst die Stadt verlassen, Doch steht noch das Haus auf demselben Platz.// Da steht auch ain Mensch und starrt in di Höhe,/ Und ringt die Hände, vor Schamerzensgewalt;/ Mir graust es, wenn ich sein Antliz sehe, -/ Der Mond zeigt mir meine eigne Gestalt.// Du doppeltgänger! du bleicher Geselle!/ Was äffst du nach mein Liebes leid,/ Das mich gequält auf dieser Stelle/ So mache Nacht, in alter Zeite?*"

sujeito, pois, além de trazer a memória passada, a reproduz como inevitável caricatura.

Em *Beckett: A Study of his Plays*,[100] o poema de Heine é sugerido como fonte para a criaçao de *A última gravação de Krapp*. Contudo, dando razão a Knowlson e Pilling, não parece ser a perda do amor a preocupação original da obra, mas o tempo. A aproximação mais eficiente entre os dois textos estaria na repetição (duplicação), encenada transtemporalmente, como caricatura: enquanto o *Doppelgänger* de Heine é a caricatura do amante no presente, Krapp, no presente, tornou-se a caricatura de seu antepassado.

2.2. That Time

A separação entre voz e imagem configura também a peça *That Time* (1976). Mas, aqui, as vozes, diferentemente daquela que saía do gravador, são acusmáticas, e o tempo é investigado em outra chave.

Se em *A última gravação de Krapp* apresentavam-se três Krapps — o velho em cena, a voz do adulto no gravador e o relato deste a respeito de Krapp com vinte e poucos anos -, o que evidenciava um arco temporal único, que ia do velho ao mais jovem, em *That Time* o recurso à voz acusmática torna o tempo dispersivo.[101]

A cabeça arfante e flutuante de um velho com cabelos brancos, nomeado Ouvinte, divide a cena com sua própria voz emitida de três pontos diferentes do palco (das laterais e do alto) e elaborada em três narrativas distintas, A, B e C, que a princípio soam como fragmentos biográficos do Ouvinte, classificados em juventude (B), maturidade (A) e velhice (C), e emitidos fora de uma ordem cronológica.

---

[100] FLETCHER, J. e SPURLING, J. *Beckett. A Study of his Plays*. Eyre: Methuen, 1972, p. 91, apud KNOWLSON, J. e PILLING, J. *Frescoes of the Skull*, op. cit, p. 84.
[101] Já notara Steve Connor, comparando a noção de tempo descrita no ensaio de Beckett sobre Proust com aquela detectada em *That Time*, que "o Tempo, como é descrito em *Proust*, tem pelo menos continuidade de direção, mesmo que possa ser ocasionalmente interrompido pela *salvação fugidia* da memória involuntária. Mas em *That Time*, o tempo parece não ter mais direção; enquanto em *Proust* é a impossibilidade de suspender o tempo na repetição o que torna viver no tempo tão incerto, em *That Time* é a repetição inescapável o que produz esse efeito". CONNOR, Steven. *Samuel Beckett. Repetition, Theory and Text*. Worcester: Basil Blackwell, 1988, p. 135.

O título *That Time* pode referir-se ao tempo tripartido das três narrações, mas também a outros tempos relembrados em cada uma delas; além disso, *That Time* pode ser compreendido como o tempo presente, no qual a cabeça ouve as vozes, e o Tempo que engloba e faz mover todos esses elementos.[102]

Mas se "*that time*" remete a acontecimentos passados, atestados pela memória, refere-se também a acontecimentos inventados, seja para preencher as lacunas da memória, seja para tentar "afastar o vazio", seja simplesmente por impulso ficcional incontrolável.

Assim, menos do que *flashes* de três períodos de vida do protagonista, as narrativas parecem compor uma investigação protoliterária, na qual se retrata a obsessão beckettiana pelo "manicômio do crânio" e sua incontrolável tendência expressiva.

A peça se divide em três blocos, nos quais sucedem as narrativas A, B e C, seccionados pelo abrir e fechar de olhos do Ouvinte. Pode-se esquematizar a obra assim:

I) (fecha os olhos) ACB ACB ACB *CBA* (silêncio; abre os olhos)
II) (fecha os olhos) CBA CBA CBA *BCA* (silêncio; abre os olhos)
III) (fecha os olhos) BAC BAC BAC BAC (silêncio, abre os olhos; sorriso)

A rubrica inicial prescreve a posição da cabeça no palco como "quase centralizada". Esse pequeno deslocamento anuncia, no entanto, outras assimetrias:

1) os padrões assimétricos dos blocos narrativos (como destacado acima);
2) o espelhamento imperfeito entre as cenas narradas nos três blocos e a cena no palco (por exemplo, fala-se de um velho de

---

[102] "A ambiguidade do título significa que ele deve ser lido tanto como "*that time*" quanto "that Time". Beckett teve muita dificuldade em transpor essa peça para o francês, pois a frase recorrente "*that time*" claramente significa ao mesmo tempo "*cette fois*" (ou "*la foi où*") e "*ce Temps*". Seu título *Cette Fois*, como ele disse, foi um "reconhecimento da impossibilidade de capturar os dois sentidos". KNOWLSON, J. e PILLING, J. *Frescoes of the Skull*. op. cit., p. 213.

cabelos brancos como o do palco, mas com chapéu, objeto faltante na cena);
3) o desequilíbrio entre tempo (as profusas narrativas) e espaço (reduzido à cabeça estática e flutuante) no palco.

Para entender, ou ao menos lançar hipóteses sobre a figura do Ouvinte, será útil responder às perguntas com que Beckett inicia o romance *O inominável*: onde agora? quando agora? quem agora?.

a) Onde agora?

No palco e na cabeça.

O palco parece encenar uma espécie de encefaloscopia, apresentando para o público a duplicação projetiva de uma cabeça dentro de outra cabeça (a mesma cabeça dentro dela mesma, talvez).[103]

Lembre-se, por exemplo, de outras obras de Beckett que remetem ao crânio como habitação: o narrador de *O inominável*[104] sente-se cercado por todos os lados de osso maciço; em "O Calmante", o narrador diz estar em um crânio; no fragmento 2 de *Textos para nada*, conjectura estar numa cabeça, ou "masmorra de marfim";[105] *Fim de partida* pode ser entendida — entre outras camadas semânticas — como drama da mente, o cenário representando o interior de um crânio, as duas janelinhas como olhos, Hamm cego e paralítico como o sujeito "endofílico" aprisionado em si mesmo, os latões como restos de sua memória e Clov como personagem de suas efabulações.[106]

Em *That Time* — narrativa C -, a voz não hesita em afirmar sua pertença ao crânio; no entanto, vacila em declarar a quem o crânio

---

[103] Para Enoch Brater, "[...] Beckett cria [em peças como *That Time* e *Not I*] íntimas peças de câmara, nas quais o cenário desvela a consciência interior". BRATER, Enoch. *Beyond Minimalism: Beckett's Late Style in the Theater*. New York: Oxford Press, 2013, p. 37.
[104] "Sim, cabeça, mas sólido, osso sólido, e você alocado nela, como um fóssil na pedra" ("*Yes, a head, but solid, solid bone, and you imbedded in it, like a fossil in the rock*"). BECKETT, Samuel. *Three Novels – Molloy, Malone Dies, The Unamable*. New York: Grove Press, s/d, p. 386.
[105] Verbete *Skull* in GONTARSKI, S. E. e ACKERLEY, C. J. *The Grove Companion to Samuel Beckett – A reader's guide to his works, life, and thought*, op. cit., p. 530.
[106] VASCONCELLOS, Cláudia Maria de. *Teatro Inferno: Samuel Beckett*. São Paulo: Terracota, 2012, pp. 72-90.

pertence: "quando você passou a não se conhecer mais [...] nenhuma ideia sobre quem dizia o que você dizia de quem o crânio onde você mofava de quem o lamento que o transformou em você [...]".[107]

b) Quem agora?

Não há dúvida, para o leitor da peça, que a voz acusmática pertence ao Ouvinte, pois pode ler na rubrica:

> Cortina. Palco no escuro. Luz cresce sobre o rosto do Ouvinte, postado a três metros do chão, e levemente descentralizado. [...] *Vozes A, B, C são sua própria voz*, chegadas a ele de ambos os lados e de cima.[108]

Contudo, para a plateia a conexão entre voz e Ouvinte não é tão evidente. Sobretudo porque a voz nunca diz "eu", mas se dirige a um "você" nas três narrativas: [A] "aquela vez quando *você* voltou aquela última vez...",[109] ou [C] "quando *você* se abrigou da chuva",[110] ou [B] "tudo quieto apenas as folhas e o trigo e *você* também quieto sobre a pedra...".[111]

A plateia pode, no entanto, inferir que Ouvinte e voz são um mesmo ser, mas cindido, à medida que reconhece nas narrativas A, B e C um protótipo biográfico recorrente, bem como o espelhamento entre a imagem na cena e a contada.

A narrativa A, por exemplo, descreve o personagem "você" quando era criança. Este efabulava sozinho, inventando vozes, imitando vozes, até todas se parecerem. Diz: "ou falando para você mesmo quem mais falando alto conversas imaginárias [...] inventando primeiro uma voz e depois outra até você ficar rouco e todas elas soarem iguais...";[112] e ainda, "[...] ou inventando falas dividindo-se dois ou mais falando para si mesmo estarem juntos [...]".[113] E,

---

[107] BECKETT, Samuel. *The Complete Dramatic Works*. op. cit., p. 391.
[108] Idem, p. 388.
[109] Idem, ibidem.
[110] Idem, ibidem.
[111] Idem, p. 389.
[112] Idem, p. 390.
[113] Idem, p. 393.

em cena, contempla-se um velho, que parece inventar vozes, nesse caso três vozes, que soam como uma só.

A narrativa B descreve uma situação similar. Nesse caso, não se trata da criança, mas de um adulto, que olha pela janela inventando histórias para afastar o vazio: "ou na janela no escuro [...] apenas uma dessas histórias que você ia inventando para manter o vazio afastado ainda uma dessas velhas histórias para não deixar o vazio derramar-se sobre você como um manto".[114] Ora, a narrativa B conecta-se não apenas com a cena — o velho que ouve/inventa histórias -, mas também com a narrativa A, o que pode indicar uma continuidade biográfica: o velho em cena inventando histórias como o adulto que inventava histórias à janela como a criança que também o fazia.

A narrativa C, por seu turno, confirma para a plateia a conexão entre cabeça e voz, quando, ao final da peça, proclama "nenhum som apenas a velha respiração e as folhas virando e então de repente esse pó o lugar inteiro tomado de pó quando você abriu os olhos do chão ao teto nada além de pó [...]".[115] E, ao final da peça, o velho em cena também abre os olhos, também está ofegante, e o palco mostra-se vazio, silencioso, talvez empoeirado.

Se o leitor reconhece, por indicação da rubrica, que a voz pertence ao Ouvinte, e o espectador pode inferir sobre a relação entre voz e Ouvinte comparando a cena com as imagens das narrativas, o Ouvinte (o personagem em cena), pelo contrário, não se sente consubstancial à voz, o que o impede de dizer "eu". Como é explicado em C:

> nunca o mesmo mas o mesmo que por Deus você jamais se disse eu em sua vida justo agora [...] você jamais poderia se dizer eu em sua vida a peripécia esta aí uma palavra que você sempre tinha à boca antes que elas secassem todas de uma vez [...][116]

---

[114] Idem, p. 390.
[115] Idem, p. 395.
[116] Idem, p. 390.

A voz, em Beckett, desde *O inominável*, inicia uma trajetória de autonomização. Numa de suas últimas obras, *Companhia*, a voz não pode nem mesmo ser considerada voz interna do personagem, mas uma instância destacada, que o obriga à escuta, e impede a identificação.[117] Como explica Jean-Pierre Martin:

> Beckett desfaz a ilusão da voz bruta e singular, quer dizer, a ilusão de uma voz que coincidiria com um lugar, um aqui, uma linguagem interior, um corpo e um sujeito. Ele nos diz que o "eu" é inominável, que é uma impostura; que existem apenas línguas estrangeiras; que a voz são os outros.[118]

Em *That Time*, a voz investiga o personagem como entidade paradoxal — "nunca o mesmo, mas o mesmo"[119]. Quem agora?:

1) a *figura* manifestada no presente, ou seja, a cabeça iluminada ou Ouvinte;
2) mas também a *voz* tripartida de um ente que já não pode dizer "eu", seja porque a rememoração falhada não garante a unidade do sujeito, seja porque a tentativa de preencher as lacunas do esquecimento cria uma fragmentação maior, seja porque haverá necessariamente cisão — objetificação e ficcionalização — se o sujeito pretender referir-se a si mesmo;
3) e este "quem" é ainda uma entidade invisível, talvez um crânio, dentro do qual jaz a imagem da cabeça (que se assiste), e em cujo interior reverbera a voz (que se ouve).

c) Quando agora?

Se as narrativas A, B e C dão conta de um personagem móbil, ativo, em fases da vida que se pode identificar como infância, juventude, maturidade e velhice, a cena parece representar o mesmo personagem em um momento posterior, velhíssimo, imóvel e

---

[117] BUELONI GONÇALVES, Lívia. "*Entre o lodo e a luz*", in BECKETT, Samuel. *Textos para nada*. São Paulo: CosacNaify, 2015, p. 72.
[118] MARTIN, Jean-Pierre. *La Bande Sonore – Beckett, Céline, Duras, Genet, Pérec, Pinget, Queneau, Sarraute, Sartre*. Paris: José Corti, 1998, p. 179.
[119] BECKETT, Samuel. *The Complete Dramatic Works*. op. cit., p. 390.

passivo. Contudo, o presente espacialmente estático torna-se ultradinâmico no tempo experimental das narrativas.

A narrativa A se refere a três tempos do personagem. Uma tentativa frustrada de voltar ao local em que se escondia na infância; a infância, quando se escondia para ler ou inventar vozes e falar alto para ter companhia; e, após a tentativa frustrada de voltar ao local do passado, sua espera por condução, caído em um degrau, falando em voz alta, inventando histórias, reinventando a si mesmo, talvez até a própria infância.

A narrativa B tem, em primeiro plano, o personagem adulto pensando ou elaborando cenas, rearrumando lembranças, à janela numa noite escura, como estratégia de afastar o vazio. A cena mais recorrente diz respeito a um amor juvenil, casto, em que o casal nunca se tocava, nem mesmo se olhava, mas murmurava juras de amor, sobre uma pedra, na orla de uma floresta, com vistas para um trigal, sob o sol, perto das dunas, com o planador passando. A cena é repensada e rearranjada, no entanto, com o personagem sozinho, sobre a pedra, na mesma orla da floresta, no mesmo trigal etc. As duas cenas são ainda remodeladas e acrescidas de detalhes menos bucólicos, como a visão de um rato afogado, destroços e o fantasma das mulas.

A narrativa C descreve experiências-limite na vida do personagem, seguidas de errância. Aparentemente, os exemplos referem-se a períodos em que o sujeito é velho.

O primeiro caso acontece na Portrait Gallery: ao contemplar uma pintura antiga, o vidro protetor do quadro cria um efeito ótico, que funde o rosto do velho, da criança retratada e, provavelmente, do vigia da Galeria. A experiência coloca em xeque a noção de identidade, de modo que o personagem afirma paradoxalmente: "nunca mais o mesmo [depois disso], mas o mesmo".[120]

O segundo caso passa-se no Correio e a experiência refere-se ao fato de os clientes ali olharem na direção do personagem sem o enxergar: "os olhos passando sobre você e através como se você

---

[120] BECKETT, Samuel. *The Complete Dramatic Works*. op. cit., p. 390.

fosse transparente"[121]. A divisa *esse est percipi*, ser é ser percebido, do filósofo irlandês George Berkley, prega que um objeto só existe quando percebido pela mente de alguém (Deus garantiria em última instância a existência da realidade).

Essa divisa é explorada por Beckett em muitas obras: em *Watt* (escrita em 1948, publicada em 1953), Mr. Knott precisa dos empregados para ser percebido, ou existir; o média-metragem *Filme* (1965) constrói-se como demonstração do credo berkleyano, mas sem Deus; os personagens teatrais de Beckett existem dramaticamente, ou seja, precisam atuar, porque são percebidos pela plateia. Lembre-se, por exemplo, de Winnie, em *Dias felizes* (1961), enterrada até o pescoço e ironicamente, ou tragicamente, obrigada a prosseguir sua atuação: [a campainha toca, ela abre os olhos] "Alguém está olhando para mim ainda. Se preocupa comigo, ainda. Isso é que eu acho maravilhoso. Olhos nos meus olhos".[122]

O terceiro caso ocorre em uma Biblioteca, onde o personagem experimenta uma espécie de alucinação, na qual tudo se transforma repentinamente em pó:

> nenhum som a não ser a velha respiração e as folhas virando e de repente este pó todo o lugar de repente tomado de pó quando você abriu os olhos do chão ao teto nada além de pó nenhum som apenas o que ele dizia chegar e partir era isso algo assim chegar e partir chegar e partir ninguém chegar e partir abruptamente partir imediatamente.[123]

E a peça encerra com essa frase. Retoma-se a ideia bíblica de Gênesis 3:19: "Com o suor de teu rosto comerás teu pão até que retornes ao solo, pois dele foste tirado. Pois tu és pó e ao pó tornarás".[124]

As três experiências arroladas em C, portanto, têm caráter dissolutivo: perda da identidade, inconsistência existencial e transitoriedade.

---

[121] Idem, p. 394.
[122] BECKETT, Samuel. *Dias felizes*, Fábio de Souza Andrade (trad.). São Paulo: CosacNaify, 2010, p. 55.
[123] BECKETT, Samuel. *The Complete Dramatic Works*, op. cit., p. 395.
[124] A BÍBLIA DE JERUSALÉM. São Paulo: Edições Paulinas, 1985.

O personagem em cena realiza o que os fragmentos meio biográficos A, B e C anunciam: cisão cabeça/voz e aceitação final do vazio.

Sobre a aceitação final, lembre-se do sorriso com que o Ouvinte encerra a peça. Se alguns autores entenderam-no como uma espécie de satisfação organizativa — uma vez que pela primeira vez a ordem narrativa com que o bloco inicia, no caso, B A C, mantém-se até o final -, o sorriso pode ser atribuído ao fato já anunciado em B de que a falta das palavras não é tão ruim como se imaginava:

> [...] quando você tentou e tentou e não pôde mais nenhuma palavra restava para mantê-lo [o vazio] afastado então desistiu disso ali à janela no escuro ou sob a luz da lua desistiu por bem e deixou que ele entrasse e não foi tão ruim um grande manto inflando-se sobre você sobre sua cabeça e foi pouco ou nada ruim pouco ou nada.[125]

A cisão entre cabeça e voz faz de *That Time* uma peça metateatral. O Ouvinte é espectador da voz assim como o público. O público é alvo da voz assim como o Ouvinte. O pronome "você" dirige-se ao personagem em diferentes épocas da vida — infância, juventude, maturidade e velhice -, mas também ao público ou leitor.

É curiosa, nesse sentido, a recomendação de Beckett ao ator alemão Klaus Herm: que criasse uma elocução similar para A, B e C, sem emoção, uma vez que considerava o fluxo das palavras mais importante do que sua compreensão. O resultado, confessado por pessoas do público a Herm, foi identificarem-se não com as "histórias", pois muitas vezes se perdiam entre elas, mas com a estrutura e o modo com que os pensamentos fluem: "Deus — diziam -, esses são os meus pensamentos sendo falados".[126]

***

Peter Szondi, em *Teoria do drama moderno*, refere-se a August Strindberg como o dramaturgo do eu, aquele que se empenhou em "conferir realidade dramática à vida psíquica, a essa vida essencialmente oculta".[127] Para isso, centrava foco em um único personagem, como é o caso do monodrama *A mais forte*, ou fazia com que todos

---

[125] BECKETT, Samuel. *The Complete Dramatic Works*, op. cit., p. 394.
[126] KALB, Jonathan. *Beckett in Performance*. Lexington: Cambridge University Press, 2013, p. 202.
[127] SZONDI, Peter. *Teoria do drama moderno* [1880-1950]. São Paulo: CosacNaify, 2001, p. 58.

os outros fossem apreendidos pela perspectiva do protagonista. Nesse caso, contudo, não há mais drama, pois não há mais aquilo que o define e sustenta: a abertura dialógica.

That Time é um fenômeno teatral, mas, assim como toda a dramaturgia de Beckett, não pode ser qualificado de drama. Há, em sua obra tardia, uma vocação para conferir realidade cênica a um fenômeno oculto. Mas não se trata mais, como em Strindberg, de estratégia para investigação da vida psíquica. Os personagens beckettianos estão além (ou aquém) das "psico-análises", das "psico-logias". Apresentam-se cindidos irrevogavelmente, e sua impossibilidade de dizer «eu» é o que propicia a emersão de uma realidade subjacente: a voz e sua vocação ficcional.

Beckett investigou o papel da voz desunida do sujeito também no romance. A tentativa mais radical nesse sentido é realizada na obra *Companhia* (1980).

2.3. Companhia

Hamm, em *Fim de partida* (1957), profetiza para si mesmo, ao final da peça, uma situação de máximo desamparo em que se consolará como a criança sozinha, "que se divide em duas ou três, para estarem juntas e sussurrarem juntas no escuro".[128] O tema da divisão de si como sucedâneo de companhia repete-se, mas de modo mais urgente que em *That Time*.

Ali a narrativa A retratava a criança em seu refúgio, inventando vozes, até ficar rouca, conversando consigo mesma para não se sentir sozinha. Em *Fim de partida*, o personagem, cego e paralítico, pressente o momento em que estará definitivamente só, arrola seus temores (ser observado sem saber, a presença de um rato) e divisa uma tentativa de consolar-se, pela divisão de si mesmo.

Em *That Time*, a imagem da criança dividida remetia à cena da cabeça cercada por três vozes. Em *Fim de partida*, a imagem da criança no escuro, dividindo-se em outras para não ficar só, resume

---

[128] BECKETT, Samuel. *The Complete Dramatic Works*, op. cit., p. 126.

a peça, no caso de se pensar em Hamm como a criança no escuro (pois é cego), inventando vozes (as de Clov, Nagg e Nell) para afastar o medo, ou seja, na hipótese de se pensar a peça como um drama da mente ou monodrama.

Nos dois casos, o protagonista tem impulso expressivo e ficcional. Em *That Time*, a narrativa é construída como mistura de memória e ficção. Em *Fim de partida*, o personagem é autor de um romance oral, que discorre aparentemente sobre um episódio biográfico, e possivelmente é autor da própria peça na qual está inserido.

O tema da fábula e do efabular como consolo encontra-se em outras obras de Beckett, mas é no texto em prosa *Companhia* que a vocação metaliterária é mais desenvolvida.

Chamado de poema em prosa por Gontarski,[129] *Companhia* encena — ou dramatiza — a mecânica imaginativa de modo exaustivo.

O texto propõe rigorosa dinâmica gramatical, da qual participarão pelo menos cinco personagens, e tem como cenário um lugar escuro, definido como câmara hemisférica.

Os três primeiros parágrafos propõem *setting*, participantes e as regras para o jogo que se desenvolverá nos 56 parágrafos restantes.[130]

"Uma voz chega a alguém no escuro. Imaginar." A primeira frase revela a principal ação da fábula, o imaginar. Ação que ocorre no escuro. Além dos dois personagens nomeados — voz e ouvinte -, a proposição "imaginar" implica tanto o testemunho de um leitor quanto a manifestação do próprio imaginador.

O segundo parágrafo introduz mais claramente este último personagem: "E num outro escuro ou no mesmo um outro imaginando tudo por companhia. Depressa deixá-lo". Portanto, além da voz, do ouvinte e do leitor, o imaginador também participará do jogo.

Vale lembrar que o bordão "depressa deixá-lo" aparecerá mais três vezes na obra, nos parágrafos 28, 43 e 57. A admoestação sobrevirá sempre que houver a tentação de nomear o sujeito imaginador com

---

[129] GONTARSKI, S. E. e ACKERLEY, C. J. *The Grove Companion to Samuel Beckett – A reader's guide to his works, life, and thought*, op. cit., p. 106.
[130] As citações da obra referem-se à seguinte edição: BECKETT, Samuel. *Companhia e outros textos*, Ana Helena Souza (trad.). São Paulo: Globo, 2012. Para facilitar a consulta à obra, indico, no lugar das páginas, os parágrafos referentes aos excertos.

o pronome "eu", uma vez que as regras do jogo não permitem essa simplificação. Lê-se no terceiro parágrafo:

> O uso da segunda pessoa marca a voz. O da terceira aquele outro pustulento. Se ele pudesse falar para e de quem a voz fala haveria uma primeira. Mas ele não pode. Ele não vai. Você não pode. Você não vai.

A primeira pessoa está interdita, assim como o centro do quadrado é interdito aos quatro transeuntes da peça televisiva *Quad* (1981).

Aquele de quem se deve afastar, também chamado de pustulento, é o pronome eu. Essa, no entanto, não é uma regra aleatória. É um interdito da própria imaginação, meditado em outras passagens da obra. No parágrafo 28, por exemplo, lê-se o seguinte:

> E a voz de quem perguntando isso? Quem pergunta, A voz de quem perguntado isso? E responde, A dele quem quer que seja que imagina tudo isso. No mesmo escuro que a sua criatura ou num outro. Por companhia. Quem pergunta no fim, Quem pergunta? E no fim responde como acima? E acrescenta muito depois para si mesmo, *A menos que um outro ainda*.[131] Em lugar nenhum a ser encontrado. Em lugar nenhum a ser procurado. O impensável último de todos. Inominável. Última pessoa. Eu. Depressa deixá-lo.

Nota-se que, além do imaginador, detectado como aquele que pergunta sobre quem pergunta, aventa-se a hipótese de existir ainda um outro, um quinto personagem. Ideia retomada no parágrafo 57: "Ainda um outro ainda inventando isso tudo por companhia. Depressa deixá-lo".

Quando objetificado, o eu se torna necessariamente um outro. Se o imaginador se imagina ou se questiona, ele se duplica e perde o caráter originário. Ele adquire, pode-se dizer, uma dupla natureza, torna-se um "inventor inventado inventando isso tudo por companhia" (parágrafo 44). Torna-se também personagem ou criatura.[132]

Aquele de quem se deve afastar é o impossível eu, sempre duplicável dentro da imaginação. Falar eu é ceder a uma simplificação. O eu

---

[131] Os itálicos são meus.
[132] O imaginador, que passa a chamar-se W (por oposição gráfica à sua criatura, o ouvinte, chamado agora de M), afirma, literalmente, seu caráter fictício: "Mas W também é criatura. *Ficção*" (parágrafo 42).

nunca se encontra, porque, na mecânica imaginativa, multiplica-se, pela reflexão, ao infinito e vertiginosamente. Assim, não é possível nomeá-lo, apaziguá-lo em uma unidade, sem o falsear. "Quem pergunta no fim, Quem pergunta? [...] O impensável último de todos. Inominável. Última pessoa. Eu. Depressa deixá-lo" (parágrafo 28).

A primeira pessoa está banida do jogo; a segunda, como apontado acima, será praticada pela voz; e a terceira, pelo narrador (ou imaginador). A princípio, a dinâmica do texto flui como o planejado.

A voz emprega a segunda pessoa, valendo-se de linguagem lírica e tom nostálgico, para aludir a aparentes episódios biográficos, que cobrem as idades de uma vida, da infância à velhice:

» "Você viu a luz primeiro no quarto em que muito provavelmente foi concebido" (parágrafo 9).
» "Você é um velho se arrastando por uma estrada estreita do interior" (parágrafo 10).
» "Uma velha mendiga está remexendo no porão de um jardim. Meio cega. Você conhece bem o lugar" (parágrafo 13).
» "Você está em pé na ponta do trampolim" (parágrafo 16).
» "Você está deitado de costas aos pés de um álamo" (parágrafo 48).

A voz, por esse procedimento, tem o duplo objetivo de convencer e confundir o ouvinte.

Confundir o ouvinte significa mantê-lo em perpétuo estado de incerteza. Sem ter como saber se a voz se dirige a ele ou a um outro, o ouvinte, ainda que minimamente, tem despertada a atividade mental, requisito essencial para companhia, como explica o narrador/imaginador:

» "Embora agora ainda menos dado a perguntar-se ele não pode deixar às vezes de se perguntar se é mesmo para ele e dele que a voz fala" (parágrafo 5).
» "[...] uma certa atividade da mente por mais leve que seja é um complemento necessário à companhia" (parágrafo 6).

Para se criar companhia, o imaginador deve procurar complicar ou ampliar as possibilidades imaginativas de todos os componentes da fábula. Assim, em várias passagens, comenta: "Que acréscimo à companhia isso ia ser!". "Isso" refere-se a situações imaginadas que poderiam gerar desdobramentos. Por exemplo: e se o ouvinte tivesse uma voz?; e se a voz emitisse luz?; qual seria o melhor lugar escuro para o imaginador estar?; como o ouvinte poderia ser melhorado física e volitivamente? etc.

A voz tem também como objetivo convencer o ouvinte a reconhecer-se nos fragmentos biográficos recitados, de modo que pudesse, ao final, dizer: "sim, eu me lembro, aquele era eu" (parágrafo 23).

Como se disse, a dinâmica do texto flui, a princípio, como o planejado. Voz e imaginador discursam em estilos diferentes, usando pessoas diferentes, mas as normas não se mantêm até o final da obra.

A biografia do ouvinte (em segunda pessoa), narrada pela voz, mistura-se, aos poucos, aos comentários do imaginador a respeito de si mesmo. O estilo da voz confunde-se com o do imaginador.

Exemplificam a progressiva mistura do imaginador/narrador com a voz e o ouvinte:

» No parágrafo 27, a voz, no geral lírica e nostálgica, adquire um tom inesperadamente seco, objetivo e metalinguístico, próprio do imaginador, ao afirmar: "Em nenhum lugar em particular no caminho *de A a Z*.[133] Ou dizer por verossimilhança a estrada de Ballyogan".
» A voz usa o imperativo característico do narrador, um comando para a imaginação, no parágrafo 40: "Flor da idade. *Imaginar* um bafejo disso".
» No breve parágrafo 47, é o imaginador que fala ao modo da voz (sem, no entanto, empregar a segunda pessoa). No parágrafo anterior, ele buscara conceber a posição onde a voz pudesse descansar, depois de haver-se estendido pelos quatro cantos. A posição da voz é imaginada como que "tangenciando o cocuruto"

[133] Os itálicos são meus.

do ouvinte, mas é esclarecida por uma metáfora, de matiz nostálgico, que poderia passar por rememoração biográfica (do tipo que a voz emprega programaticamente). Onde está a voz?: "Ao alcance do braço. Força? Fraca. Uma mãe curvando-se sobre o berço por trás. Ela se afasta para que o pai possa olhar. Por sua vez ele murmura para o recém-nascido. Tom monocórdio inalterado. Nenhum traço de amor".

» Separado da voz e do ouvinte, o imaginador pode divagar sobre eles, ou melhorá-los, e o faz. A partir do parágrafo 41, contudo, passa a imaginar a si mesmo e, assim, objetifica-se do mesmo modo empreendido em relação aos outros "personagens".

» No parágrafo 53, a voz mais uma vez revela seu traço imaginador. Ao corrigir sua descrição do entardecer, transfere, para a biografia que pretende imputar ao ouvinte, seu traço ficcional: "Uma praia. Entardecer. Luz morrendo. Logo nenhuma de sobra para morrer. Não. Nada assim então como nenhuma luz. Ia morrendo até a madrugada e nunca morria".

» O parágrafo 54 é uma efabulação do imaginador sobre si mesmo, e que o aproxima imagética e funcionalmente do ouvinte. A posição (decúbito dorsal) de ambos no início do parágrafo é a mesma: "Rasteja [o ouvinte] e cai. Se deita. Se deita no escuro de olhos fechados descansando do rastejamento". Mas o estado passivo do ouvinte em relação à voz migra para o imaginador: "Pois pouco a pouco enquanto [o imaginador] está deitado a ânsia por companhia se reaviva. Na qual escapar da sua própria. A necessidade de ouvir aquela voz de novo. Que seja apenas a dizer de novo, Você está deitado de costas no escuro".

» O penúltimo parágrafo mistura definitivamente voz, ouvinte e imaginador. A voz e o imaginador parecem falar numa mesma frase, reunindo-se em um sopro: "[imaginador] De algum modo a qualquer preço fazer um fim [voz] quando você não pôde mais sair ficou acocorado no escuro". A voz irá discorrer sobre o modo como o ouvinte chegou ao decúbito dorsal (posição com que percorre todos os parágrafos da obra): "Assim no escuro ora acocorado ora de costas você labuta em vão. E exatamente como da primeira posição para a segunda a mudança se torna cada vez mais fácil [...]. Até que o alívio ocasional que era *deitar-se se torna habitual e finalmente a regra*". E, ao fazê-lo, descreve como o ouvinte se duplica ao imaginar-se (característica restrita até aqui ao imaginador): "Mas sem uma palavra você se observa do mesmo jeito que observaria um estranho sofrendo digamos do mal de Hodgkin ou se você preferir do de Percival Pott surpreendido a rezar". O ouvinte, segundo descrição da voz, ao deitar-se de costas, voltaria a efabular. E, à medida que a fábula vai chegando ao fim, a voz diz: "A fábula de alguém como você no escuro. A fábula de alguém fabulando de alguém com você no escuro. E como melhor no fim trabalho perdido e silêncio". Aqui o ouvinte e o imaginador se reúnem em um só.

Ao final da obra, portanto, aquele que havia se desintegrado, para ter companhia, acaba seu exercício de imaginação recomposto. Mas se recompor não quer dizer, na economia do texto, aceitar a unidade do eu. A última palavra de *Companhia* é "sozinho":

» "E você como sempre esteve" (fim do parágrafo 58).
» "Sozinho" (única palavra do último e miniparágrafo 59).

Sozinho pode referir tanto a pseudobiografia do ouvinte, em que é retratado em situações de alijamento, incompreensão e solidão, como aquela do imaginador solitário em sua busca de companhia por meio da divisão em voz, em ouvinte, em imaginador imaginado.

Como foi sugerido acima, *That Time* poderia ser entendida com a encenação de uma encefaloscopia: o público contempla a imagem de uma cabeça, que estaria projetada dentro de uma cabeça (do próprio personagem ou do autor). Em *Companhia*, algo similar acontece. No parágrafo 36, o imaginador sugere que o ouvinte esteja "deitado no chão de uma câmara hemisférica". A tópica beckettiana do aprisionamento no crânio parece receber aqui uma nova forma. O texto seria, assim, a descrição de uma encefaloscopia, daquilo que se vê dentro da cabeça, ou na imaginação.

Companhia é uma obra que não se deixa enquadrar em um gênero. Nem estritamente conto, ou romance, ou mesmo poema em prosa (como sugere Gontarski) ou drama, mas um modo literário que, valendo-se da prosa nas vertentes descritiva e prescritiva, alcança um resultado ao mesmo tempo metaliterário e filosófico, que nomearei, na esteira de Souza Andrade, de fenomenologia da imaginação.[134]

2.4. Improviso de Ohio

A pergunta feita no início do capítulo, a respeito de *Improviso de Ohio* e seu emprego do *Doppelgänger*, pode ser respondida agora após o longo percurso empreendido:

É plausível pensar os dois velhos idênticos sentados à mesa, e que se oferecem por 20 minutos à contemplação do público num *tableau* praticamente imutável, como recriação cênica para aquilo que a literatura romântica batizou de *Doppelgänger*?

Sim e não.

A peça estreou em 1981, com direção de Alan Schneider, por encomenda do professor Stanley Gontarski, da Ohio State University, para inaugurar o simpósio em homenagem aos 75 anos de Beckett.

Como *Companhia*, datada de 1980, *Improviso de Ohio* rompe com os cânones do gênero: apesar de ser obra construída para a cena, transita igualmente pela narrativa, agenciada liricamente. *Improviso de Ohio* se move em dois planos: dramático e narrativo.

No plano dramático — ou seja, na cena -, divisam-se dois personagens, Leitor e Ouvinte, sentados à mesa. O ouvinte postado frontalmente e à direita; o Leitor, à cabeceira, próximo daquele, e de frente para um livro. No centro da mesa, um chapéu de abas largas. Além do ato de ler e ouvir, os dois mantêm relação por meio de um

---

[134] Fábio de Souza Andrade, no prefácio de Companhia, usa o termo "fenomenologia da percepção" para qualificar não apenas os impasses que envolvem o contar uma história, mas a função "escavatória e corrosiva" de uma "literatura da despalavra", que englobaria também a obra *Pra frente o pior*. Tomando essa ideia de empréstimo, optei, no entanto, por um conceito mais restrito ao texto analisado. ANDRADE, Fabio Souza, "Prefácio", in BECKETT, Samuel. *Companhia e outros textos*. São Paulo, Globo, 2012, p. 14.

código de batidas sobre a mesa, desferidas pelo Ouvinte sempre que deseja reouvir uma passagem.

A rubrica inicial prescreve que Ouvinte e Leitor estejam caracterizados o mais identicamente possível.[135] O mais identicamente possível pode constituir objeção à tese do *Doppelgänger*. Essa objeção é defendida por Enoch Brater em *Beyond Minimalism, Beckett's late Style in the Theater*, para quem o que se vê é um quase-duplo, e não um *Doppelgänger*: "A imagem é mais uma imitação do que um equivalente".[136] A prescrição da rubrica poderia, contudo, simplesmente corresponder à realidade cênica, à constatação da impossibilidade empírica de se alcançar semelhança perfeita.

No plano narrativo, o Leitor enuncia uma história, uma biografia, história que faz alusão a dois homens em situação similar aos contemplados no palco, e com os quais ocorreu um estranho fenômeno: "Sem nunca trocar uma palavra, tornaram-se como um só".[137] A sentença é ambígua — "*they grew to be as one*" — e pode tanto significar que ficaram idênticos como que se articularam num único mecanismo.

No plano narrativo, há outras imagens que convergem para a cena. A começar pela primeira frase lida — "resta pouco a dizer" -, que reproduz o que se constata na cena: o livro aberto nas últimas páginas.

O que resta a dizer – o que é lido no livro — é a história de um certo "ele" que, ao perder um ente querido, muda-se para a outra margem [do rio Sena], de onde pode contemplar a jusante da Ilha dos Cisnes, aquela em que Beckett costumava passear com Joyce.[138]

Aí, nesse lugar estranho, nesse lugar em que nunca nada foi partilhado com o ser querido, o personagem acredita poder encontrar alívio. E caminha com seu casaco preto longo (usado pelos dois personagens em cena), vestindo um chapéu de abas largas (como aquele que repousa sobre a mesa) até o extremo da ilha, onde pode

---

[135] "As alike in appearance as possible". BECKETT, Samuel. *The Complete Dramatic Works*, op. cit., p. 445.
[136] BRATER, Enoch. *Beyond Minimalism: Beckett's Late Style in the Theater*, op. cit., p. 131.
[137] BECKETT, Samuel. *The Complete Dramatic Works*, op. cit., p. 447.
[138] KNOWLSON, James. *Damned to Fame – The Life of Samuel Beckett*, op. cit., p. 665.

contemplar os dois braços de água em alegres remoinhos confluírem e seguir unidos.

Em sonhos, ele vê o rosto querido que o censura sobre a mudança e pede que volte para o lugar onde viveram por tantos anos "sozinhos juntos", pois ali sua sombra poderia confortá-lo.

O personagem, porém, permanece nesse novo lugar, onde começa a padecer de insônia, mal que sofrera na juventude: "*White nights now again his portion. As when his heart was young. No sleep no braving sleep till [...] — dawn of day*".[139] "*White night*", como explica Enoch Brater, é "o equivalente da translação literal do francês "*nuit blanche*" [noite branca], uma noite de insônia [...]".[140].

Numa dessas noites, sentado em estado de agonia, aparece um homem vestido com um longo casaco preto (igual ao dele, igual ao que vestem em cena) e explica ter sido enviado pelo ente querido para consolá-lo. Tira do bolso um velho livro (que se pode imaginar igual ao da cena) e lê para ele até o amanhecer, quando então parte.

Assim, de tempos em tempos, esse outro aparecerá e lerá para ele até o amanhecer uma "triste história" (leitura que se está presenciando na cena). "Sem jamais trocarem uma palavra, eles se tornam como um só."[141]

Um dia, porém, depois de haver fechado o livro (o que de fato ocorrerá em cena), o homem comunica que o ente querido sugeriu não haver mais necessidade de ele voltar ali,[142] ainda que isso estive em seu poder. O homem, porém, não vai embora, fica simplesmente em silêncio na frente do outro.

Então a história foi contada pela última vez, e eles não perceberam a luz do amanhecer entrar pela janela, nem os sons do despertar.

Ficaram os dois feito pedra e perdidos em pensamentos, mais do que isso, como se relata, ficaram ali enterrados nas profundezas da

---

[139] BECKETT, Samuel. *The Complete Dramatic Works*, op. cit., p. 446.
[140] BRATER, Enoch. *Beyond Minimalism: Beckett's Late Style in the Theater*, op. cit., p. 132.
[141] BECKETT, Samuel. *The Complete Dramatic Works*, op. cit., p. 447.
[142] O ator Alvin Epstein – que fez o papel do Leitor na montagem de Alan Schneider, substituindo David Warrilow, em 1984 –, em entrevista a Jonahtan Kalb, afirmou considerar o recado do ente querido como prenúncio da morte do Ouvinte. Se aquele morre, este não precisaria voltar a vê-lo. KALB, Jonathan. *Beckett in Performance*, op. cit., p. 196.

mente, ou, como diz a versão francesa do texto: absortos (*abîmés*) em "abismos de consciência" (*abîmes de conscience*).[143]

A última frase da história é proferida, "nada mais resta a dizer", enquanto no palco o livro é fechado. Ao final, os personagens se encaram imóveis e sem piscar, reencenando a narrativa, na qual os dois tornaram-se como pedra, perdidos em abismos de consciência.[144]

Nota-se que há, em *Improviso de Ohio*, readaptação de procedimentos praticados em outras obras de Beckett.

Verifica-se a cisão entre corpo e voz, mas a voz não é acusmática. Importa, no caso, criar uma divisão epistemológica. Assim, assiste-se a uma espécie de dissecção dos atos da leitura e da audição, tarefas básicas do universo acadêmico, ou seja, do público para quem a peça foi escrita; ou, ainda, tarefa básica do escritor.[145]

Mas a cisão entre corpo e voz é, também nesse caso, duplicação do personagem como forma de ter companhia ou de consolar-se, de preencher as noites de insônia, mitigando a falta do ente querido.

Há dois motivos para a duplicação, portanto. Um intrafabular, no qual o personagem encontra um meio de preencher suas noites brancas; e outro, adotado pelo autor, visando à investigação da linguagem.

Do ponto de vista da história, pode-se falar em *Doppelgänger*: personagens idênticos (tornados um só) e detectados em seus respectivos campos visuais.

Do ponto de vista metalinguístico, porém, não se pode falar em *Doppelgänger*: os seres têm função epistemológica, não coincidem totalmente, manifestando-se como investigação fenomenológica do escrever, do estudar, da leitura e da audição (ou seja, da escuta de um outro ou de si mesmo).

A narrativa duplica a situação cênica e seus elementos. Esse dispositivo literário, já citado, é chamado de *mise en abyme*, e ecoa

---

[143] BECKETT, Samuel. *Catastrophe et autres Dramticules, traduit par l'auteur*. Paris: Minuit, 2005, p. 66.
[144] O vocábulo abismos se refere à edição francesa que usa o termo "abîmes de conscience".
[145] "Beckett, o grande poeta da solidão, direciona o tema sobre sua própria profissão em *Improviso de Ohio*, meditando sobre uma vida inteira consumida com uma das mais solitárias das atividades humanas, a escrita." KALB, Jonathan. *Beckett in Performance*, op. cit., p. 55.

na versão francesa do texto, na expressão "abismos de consciência" ("abymes de conscience"), que é o estado em que se deixam ficar os personagens, ao final. A *mise en abyme* será estudada no capítulo que segue.

[CAPÍTULO 2]

OBRA:
MISE EN ABYME E REPETIÇÃO

> As if the Sea should part
> And show a further Sea
> And that — a further — and the Three
> But a presumption be
>
> Of Periods of Seas
> Unvisited of Shores
> Themselves the Verge of Seas to be
> Eternity — is Those
>
> *Emily Dickinson*

Em seu diário, datado de 1893, André Gide introduz pela primeira vez no campo da literatura o termo *"abyme"*, emprestado da heráldica ou estudo dos brasões [Fig. 1], sugerindo um modelo formal para seus romances:

> [...] o que mostraria melhor aquilo que eu almejei em meus *Cadernos* [*Les Cahiers d'André Walter*, 1891], em meu [*Tratado de*] *Narciso* [1891] e n'*A Tentativa* [*Amorosa*, 1893], é a comparação com *o* procedimento do brasão, que consiste em, dentro do primeiro, colocar um segundo *"en abyme"*.[1]

Incrementando a sugestão de Gide, a crítica subsequente passa a chamar esse recurso literário de *"mise en abyme"* (E. C. Magny, 1950) ou "construção em abismo" (P. Lafille, 1954),[2] vinculando-o mais à figura do espelho do que àquela dos brasões.

---
[1] GIDE, André. *Jounal 1889-1939*. Paris: Gallimard, *"Pleiade"*, 1948, p. 41, apud DÄLLENBACH, Lucien. *Le Récit Spéculaire – Essai sur la mise en abyme*. Paris, Seuil, 1977, p. 15.
[2] DÄLLENBACH, Lucien. *Le Récit Spéculaire – Essai sur la mise en abyme*, op. cit., pp. 32-40.

A gênese desse conceito, que despontou na história literária discretamente e tornou-se, a partir dos anos 1950 dispositivo estrutural das obras do *Nouveau Roman* e do *Nouveau Nouveau Roman*, é rastreada pelo teórico Lucien Dällenbach em seu estudo *Le Récit Spéculaire — Essai sur la mise en abyme* (1977).

Essa obra de referência ambiciona, no entanto, mais do que historiar o termo. Investigando sua importância no pensamento de

Figura 1
Brasão com dois *mise en abyme*

Gide e sua evolução na esfera da crítica literária, Dällenbach alcança elaborar uma fórmula: "é *mise en abyme* qualquer espelho interno [da obra] refletindo o todo da narrativa por meio de duplicação simples, repetida ou ilusória"[3] (ou duplicação simples, ao infinito e aporística).

A definição, no entanto, deve ser testada ainda no embate com a prática literária. Sendo assim, Dällenbach passa em revista a obra de autores da tradição como Jean Paul, Hoffmann e Mallarmé, até os mais contemporâneos como Robe-Grillet, Claude Simon, Beckett etc., para destilar — aí sim — uma hipótese sobre a função e alcance do termo como ferramenta literária ou "instrumento metodológico".[4]

O que se pretende, nas seções 1, 2 e 3 deste capítulo, é usar a definição dällenbachiana de *mise en abyme* para a análise de exemplos literários e pictóricos que possam iluminar os modos "abismais" praticados em *Os moedeiros falsos* de André Gide, *A coleção parti-*

---

[3] Idem, p. 52.
[4] Idem, p. 210.

cular de Georges Perec e de dois textos de Samuel Beckett: *Passos* e *Improviso de Ohio*.

Assim, os exemplos sequentes visam a ilustrar a definição tripartite de Dällenbach.[5]

Recapitulando: é *mise en abyme* todo espelho interno à obra que a reflete por:

a) duplicação simples ou finita: um fragmento — ou mais do que um — apresenta parentesco com a obra;

b) duplicação infinita: um fragmento semelhante à obra está contido em outro fragmento semelhante à obra, que está contido em outro fragmento semelhante etc.;

c) duplicação paradoxal: um fragmento da obra inclui a mesma obra na qual está incluído.

DUPLICAÇÃO SIMPLES OU FINITA

O termo *"abyme"*, recolhido da heráldica, é proposto primariamente por Gide como modelo estrutural para seus primeiros romances. Lembre-se que *A tentativa amorosa* — assim como *Paludes* (1895) -, está construída como enclave ou encaixotamento de narrativas:

> a narrativa é assinada por Gide, porque André Walter [personagem de *Les Cahiers d'André Walter*] está morto, e conta a história de Luc e de Raquel para "Madame", enquanto que na escala dos personagens, é Luc que conta

---

[5] Vale lembrar ainda que, ao tipo de reflexão praticada pela *mise en abyme* (duplicação simples, ao infinito ou paradoxal), Dällenbach justapõe os diferentes objetos que podem ser duplicados. Cláudia Amigo Pino, em seu livro *A ficção da escrita*, resume de modo muito claro esse procedimento: "Uma narrativa pode refletir o enunciado, o código, ou a enunciação de outra narrativa que a inclui. A alternativa do enunciado é mais conhecida: um relato reflete um ou mais elementos narrativos do primeiro relato (como personagens, intriga, diálogo, cenários etc.). Já a reflexão do código é mais sutil, pois haveria apenas uma transposição não de elementos da história, mas da forma como eles são representados. É o caso, segundo Dallenbach [sic], dos quadros do pintor fictício Elstir em *Em Busca do Tempo Perdido*, que de certa forma refletiriam a forma de narrar do romance. Por último, a reflexão da enunciação coloca em evidência elementos, [...], como as figuras do autor e do leitor, a referência do processo de criação ou de leitura ou a manifestação do contexto de produção ou de recepção". PINO, Cláudia Amigo. *A ficção da escrita*. São Paulo: Ateliê/Capes, 2004, p. 161.

uma história a Raquel, retomando os motivos de *Voyage d'Urien* e da abertura de *A Tentantiva*.[6]

Em *Hamlet* (1599-1601), de Shakespeare, acontece algo parecido. A peça inclui em seu enredo a apresentação de uma peça, e figura assim o "teatro dentro do teatro". A peça dentro da peça espelha e resume o acontecimento desencadeador de toda a trama, ocorrido, no entanto, fora da moldura dramática: o assassinato do Rei Hamlet por seu irmão Claudius e a conivência da rainha Gertrudes [Fig. 2].

Como nota Dällenbach,[7] a peça dentro da peça, apresentada

Figura 2
The Play-scene in Hamlet, 1842, aquarela e verniz sobre papel
Daniel Maclise

para a corte da Dinamarca, é «um espelho acusador», e seu emprego é premeditado por Hamlet no discurso feito aos comediantes, quando os admoesta:

> [...] qualquer coisa exagerada foge ao propósito da representação, cujo fim, tanto no princípio como agora, era e é, oferecer como se fosse um *espelho* à natureza, mostrar à virtude seus próprios traços, ao ridículo sua própria imagem, e à própria idade e ao corpo dos tempos sua forma e aparência.[8]

Observa-se, assim, em *Hamlet*, dois modos da duplicação simples. Um, representado pelo brasão, que o "teatro dentro do teatro" figura;

---

[6] JACQUOD, Valérie Michelet. *Le Roman Symboliste: Un Art de L'Extrême Conscience – Edouard Dujardin, André Gide, Remy de Goumont, Marcel Schwob*. Genève: Droz, 2008, p. 453.
[7] DÄLLENBACH, Lucien. *Le Récit Spéculaire – Essai sur la mise en abyme*, op. cit., p. 22.
[8] SHAKESPEARE, William. *Teatro completo – tragédias e comédias sombrias*, v. I, Barbara Heliodora (trad.). Rio de Janeiro: Nova Aguilar, 2006, p. 459.

Figura 3
O casal Arnolfini, 1434, óleo sobre madeira
Jan van Eyck
National Gallery, Londres

e o outro, pelo espelhamento completivo,[9] que traz, para dentro da encenação, um fato passado e decisivo para o início da trama.

O "teatro dentro do teatro" destaca o gênero praticado e pode ser classificado como recurso metalinguístico. A plateia assiste a uma peça teatral em que os personagens assistem a uma peça teatral, de modo que a plateia se espelha funcionalmente naqueles.

O espelhamento completivo, por sua vez, lembra o tipo de espelhamento praticado exaustivamente nas artes plásticas, aquele que amplia o panorama do quadro, por meio de algum objeto refletor, o que permite incluir na cena aquilo que estaria, de outra forma, velado.

Contudo, enquanto em *Hamlet* o espelhamento completivo instaura uma simultaneidade temporal — o episódio do assassinato do Rei pode conviver com as suas consequências futuras -, em obras como "O casal Arnolfini" (1434), de Jan van Eyck [Fig. 3], "O joalheiro em sua loja", de Petrus Christus (1449) [Fig. 4], "As meninas", de Velázquez (1656) [Fig. 5], e "Mão

---

[9] Dällenbach chama-o de reflexão completiva. DÄLLENBACH, Lucien. *Le Récit Spéculaire – Essai sur la mise en abyme*, op. cit., p. 22.

[73]

Figura 4
O joalheiro em sua loja, 1449, óleo e tempera sobre madeira
Petrus Christus
Metropolitan Museum of Art, NY

Figura 5
As meninas, 1656, óleo sobre tela
Diego Velázquez
Museu del Prado, Madri

Figura 6
Mão com esfera refletora, 1935, litografia
M. C. Escher

com esfera refletora" (1935), de Escher [Fig. 6], encena-se uma simultaneidade de lugares.[10]

O espelho convexo posicionado entre o casal Arnolfini inclui na cena aqueles que os observam à porta de uma outra sala. O espelho do "Joalheiro", na pintura de Christus, inclui na cena, além da paisagem urbana, um casal na rua. A litografia de Escher, por sua vez, encena o seguinte:

> A mão do artista não só segura a esfera como também todo o espaço em volta, como imagem refletida. A mão real toca na mão refletida e nos pontos de contato têm o mesmo tamanho. O centro deste mundo refletido é, não por acaso, mas por natureza necessário, o olho do artista que está a fitar a esfera.[11]

O efeito perturbador da gravura origina-se do fato de a esfera haver absorvido toda a paisagem externa, mas conservar a mão que a sustenta.

---

[10] "Isso é impossível" – comenta Bruno Ernst a respeito de Escher -; "onde está um corpo não pode estar outro. Temos de inventar uma nova palavra para esta impossibilidade – "simultópica" – ou descrevê-la: a ocupação, ao mesmo tempo, do mesmo lugar". ERNST, Bruno. *O espelho mágico de M. C. Escher*. South Korea: Taschen, 2007, p. 77.

[11] Idem, p. 78.

"As meninas" é um caso complexo, que as observações abaixo não pretendem esgotar. Nota-se, no entanto, os vários tipos de reflexões praticados:

» Velázquez duplica-se no ato de pintar uma enorme tela. Configura-se, portanto, um espelhamento crítico, que introduz o próprio fazer da obra no registro temático.
» Há um espelho no ateliê localizado atrás do pintor, refletindo o casal real, fora de cena, e reduplicando possivelmente a imagem da enorme tela que Velázquez pinta, velada ao contemplador do quadro.
» A troca de olhares entre o casal real e vários personagens da cena estabelece um jogo que confunde, num vaivém, contemplantes e contemplados.
» A cena inclui uma espécie de intruso, que, em um aposento contíguo, olha pela porta para o casal real, cuja posição confunde-se, deve-se lembrar, com a dos contempladores do quadro (nós).
» Os contempladores, assim, tornam-se parte do jogo de olhares arquitetado na cena retratada.

Velázquez, portanto, lança mão do reflexo completivo, em viés metalinguístico, representando a "pintura" na pintura, tematizando a função dos contemplados e dos contempladores.

Figuras 7 e 8

DUPLICAÇÃO INFINITA

As artes gráficas oferecem dois ótimos exemplos da duplicação infinita: as embalagens do achocolatado holandês Dröste [Fig. 7] e da aveia Quaker [Fig. 8].

Contudo, esses exemplos não correspondem perfeitamente à imagem de um objeto entre dois espelhos propugnada por Dällenbach. Entre espelhos qualquer objeto se reproduz duplamente, de costas e frontalmente [Fig. 9].[12]

Figura 9

Figura 10

[12] A ilusão da duplicação de uma única face pode ser alcançada, no entanto, postando o objeto lateralmente [Fig. 10].

[77]

As embalagens citadas são mais bem representadas enquanto enclaves infinitos (retorno à metáfora do brasão), com a ressalva de que, se não podem ser empiricamente construídos (pois é fisicamente impossível reduzir ou ampliar ao infinito), podem ser logicamente presumidos.

Um exemplo de duplicação infinita, logicamente presumida, é a obra *Companhia* de Beckett. O imaginador objetifica-se sempre que imagina a si mesmo. Por isso o interdito do pronome "eu", que pressupõe uma unidade. Lembre-se da definição do imaginador: "inventor inventado inventando isso tudo por companhia".[13] Não apenas ele se duplica, dividindo-se em sujeito e objeto, mas duplica nesse processo todo o esquema da obra: a voz, o ser imaginado e a problemática que se instaura entre os dois.

Ainda que a duplicação do imaginador ocorra três vezes no texto, a repetição do processo ao infinito é logicamente advinhada, sobretudo quando a palavra de ordem é imaginar.

DUPLICAÇÃO PARADOXAL

A litografia de Escher, "Galeria de arte" (1956) [Fig. 11], oferece ao observador uma estranha experiência. Contempla-se uma galeria, no interior da qual um jovem observa uma gravura, que representa uma cidade à beira mar, onde há um edifício, cujo andar térreo é a galeria em que o jovem está contemplando a gravura. O sistema é fechado, sem começo nem fim. E duplica-se de modo paradoxal, fazendo coincidir exatamente o que está dentro e o que está fora da galeria-gravura.

Um exemplo traduzido em poema dessa estrutura pode ser buscado em "canções circulares", como aquela com que Vladimir inaugura o segundo ato de *Esperando Godot* (1952):

> Um cão foi à cozinha
> Roubar pão e chouriço.
> O chefe e um colherão

---

[13] BECKETT, Samuel. *Companhia e outros textos*, Ana Helena Souza (trad.). São Paulo: Globo, 2012, parágrafo 44.

Deram-lhe fim e sumiço.

Outros cães, tudo assistindo,
O companheiro enterraram,
Sob uma cruz que dizia
Aos demais que ali passavam:

Um cão foi à cozinha
Roubar pão e chouriço.
O chefe e um colherão
Deram-lhe fim e sumiço.

Outros cães, tudo assistindo,
O companheiro enterraram,
Sob uma cruz que dizia
Aos demais que ali passavam:

Um cão foi à cozinha
Roubar pão e chouriço.
O chefe e um colherão
Deram-lhe fim e sumiço [...][14]

Essa pequena obra autocontinente, na qual a canção contém um epitáfio que contém a canção, esta pequena obra que pode ser considerada um exemplo de duplicação paradoxal, se lida autonomamente, torna-se, no entanto, duplicação simples, ou seja, apenas um enclave, quando considerada dentro da peça teatral.

Para *Esperando Godot*, a canção é espelho da obra, espelho de alguns aspectos de sua estrutura, como a circularidade infinita: o enredo, que representa os dias para sempre iguais dos personagens, dias homogeneizados pela perene espera por Godot; e o próprio exercício teatral, praticado na rotina de repetidas — e potencialmente infinitas — apresentações do mesmo, durante as temporadas. Nota-se, contudo, que *Esperando Godot* não se estrutura como duplicação paradoxal. Raras são as obras literárias que o fazem.

O que se buscará a seguir é investigar se é pertinente, como sugere Dällenbach, atribuir o modelo paradoxal a *Os moedeiros falsos* (seção 1), testar a definição em *A coleção particular* (seção 2), e explicar

---

[14] BECKETT, Samuel. *Esperando Godot*, Fábio de Souza Andrade (trad.). São Paulo: CosacNaify, 2005, p. 110.

como esse modo aporístico é usado por Beckett em *Improviso de Ohio* e *Passos* (seção 3).

1. ANDRÉ GIDE E *OS MOEDEIROS FALSOS*

> C'est le miroir
> qu'avec moi je proméne.
>
> *André Gide*

Os moedeiros falsos pode ser considerado um romance de aprendizagem. É o amadurecimento do jovem Bernard, que o leitor acompanha pelo período, aproximadamente, de cinco meses;[15] da descoberta de que é filho bastardo à aprovação no "*baccalaureat*". O caminho de Bernard é orbitado por mais de 40 personagens de idades e situações sociais diversas. Assim como Bernard Profitendieu, todos atravessam alguma situação de desorientação. Como se as mudanças no âmbito dos valores, sofrida como crise do sentido religioso e moral,[16] exigissem de cada um uma resposta, um reposicionamento, nem sempre bem-sucedido.

Os moedeiros falsos pode ser também considerado um metaromance.[17] Uma das figuras centrais da história é o escritor Édouard, que intenciona produzir uma obra, a qual pretende batizar de *Os moedeiros falsos*. Para isso, mantém um diário, que assiduamente preenche com a reprodução de conversas que travou, de episódios vividos, de opiniões sobre os que estão a sua volta; um diário que acolhe sua crítica ao romance realista, ao gênero romance e explanações sobre o tipo de romance ideal que intenta realizar.

Édouard não é o único responsável pelo traço metalinguístico do livro. Há mais um escritor na história — o conde de Passavant -,

---

[15] "A ação começa numa quarta-feira à tarde, no começo da verão, e termina em novembro". IDT, Geneviève. *Gide: Les Faux Monnayeurs*. Paris: Hatier: 1973, p. 46.

[16] Segundo Idt, o romance é uma espécie de resposta de Gide a uma necessidade de seus contemporâneos: "o romance está em crise, espera-se uma técnica romanesca nova para expressar a confusão dos valores em que vivem os intelectuais após a Guerra". Idem, p. 9.

[17] Também é um romance policial – investiga-se quem seriam os falsificadores de moedas – e um *roman noir* – retrata-se a morte trágica e psicologicamente provocada de um estudante. Idem, pp. 30-32.

e vários aspirantes a literatos — Bernard incluído nesse grupo -, cujas opiniões comporão o núcleo crítico de *Os moedeiros falsos*, no seguinte sentido: o debate desses personagens-literatos oporá o realismo, como corrente literária hegemônica, a uma forma pura, autêntica e estilizada de romance, defendida por Édouard.

A forma pretendida por este último é praticada por Gide, em certa medida, no romance, quando, por exemplo, constrói a intriga ao modo da combinatória; quando apresenta os personagens por pontos de vistas distintos; quando evita programaticamente o tom patético; quando adota estratégias de impedimento da ilusão romanesca, tornando mais complexa a tarefa do leitor.[18]

O que colabora, no entanto, decididamente com a pretensão a um romance novo é a presença do diário, dispositivo de inflexão, órgão reflexor por excelência, para onde confluem impressões presentes e passadas, advindas de testemunho pessoal ou de terceiros, elaboradas como aspiração à escrita e à conceitualização do romance puro.[19] O viés metalinguístico, praticado no registro fabular (um livro que discute literatura), é incrementado pela estrutura em abismo: o livro contém um diário que contém o livro. As nuanças dessa *mise en abyme* precisam ser elucidadas.

A imagem do brasão que inclui outro que o imita — proposta por Gide em seu diário em 1893[20] — ajusta-se perfeitamente, numa primeira abordagem, a *Os moedeiros falsos*.[21]

---

[18] Idem, pp. 7-8.

[19] Como explica Geneviève Idt, o romance visado por Édouard, que quer se construir purgado de tudo o que não pertence ao romance, não se traduz pela omissão de diálogos e descrições, mas por uma espécie de afastamento da vida, ou do retrato desta, "para deixar aparecer um significado". Idem, p. 43.

[20] "Gosto bastante que em uma obra de arte encontre-se transposta, na escala dos personagens, o assunto mesmo desta obra". GIDE, André. *Jounal 1889-1939*. Paris: Gallimard, "*Pleiade*", 1948, p. 41, apud DÄLLENBACH, Lucien. *Le Récit Spéculaire – Essai sur la mise en abyme*, op. cit., p. 15. Essa fórmula de Gide é sintetizada por Dällenbach quando propõe uma definição de *mise en abyme* respeitando o modelo heráldico: "é *mise en abyme* todo enclave que mantém uma relação de similaridade com a obra que o contém". DÄLLENBACH, Lucien. *Le Récit Spéculaire – Essai sur la mise en abyme*, op. cit., p. 18.

[21] Como explica Dällenbach, "principal órgão de reflexão do romance, [o diário de Édouard], forma dentro da narrativa um enclave que evoca irresistivelmente a imagem do "brasão dentro do brasão". Idem, p. 45.

O diário é mecanismo de duplicação simples, reproduzindo assunto similar ao exercitado no romance, demorando-se sobre os mesmos agentes e a mesma trama.

A aula do personagem Vincent sobre biologia[22] também é duplicação simples, uma vez que se traduz como metáfora às leis que presidem o universo da obra:

» segundo Vincent, os brotos das plantas, que nascem mais afastados do tronco familiar, são os que se desenvolvem melhor (assim como Bernard, o jovem herói bastardo do romance);

» de acordo com Vincent, os peixes que não se adaptam a certas regiões marinhas com salinidade muito densa atrofiam-se e dão-se como presa para os mais adaptados (assim, sem ter como se adaptar num ambiente inóspito, os personagens mais sensíveis do romance serão sacrificados);

» Vincent também ensina sobre os aparelhos fotogênicos dos peixes das profundezas: "cada um desses animais que primeiramente se pensava [...] fossem sombrios, emite e projeta diante de si, em torno de si, a sua *luz* [sic]"[23] (do mesmo modo, "os personagens descrevem os acontecimentos esclarecendo-os por seu próprio ponto de vista",[24] sua própria luz).

Além da imagem do brasão, a mecânica do espelho pode exemplificar a duplicação simples. O próprio Édouard confessa: o diário "é o espelho que levo comigo. Nada que me acontece toma para mim existência real enquanto não o vejo refletido ali".[25]

O diário opera como um espelho convexo ou completivo, trazendo para dentro do quadro o que está fora dele ou, como é o caso, introduzindo, no presente que o romance encena, o passado. Essa função sobrevém no enredo, quando a indiscrição e insubmissão de Bernard leva-o a abrir o diário de Édouard e, por ele, inteirar-se de fatos ocorridos antes do início da narrativa.

Quanto à duplicação infinita, pode-se indagar com Dällenbach:

---

[22] GIDE, André. *Os moedeiros falsos*, Mário Laranjeira (trad.). São Paulo: Estação Liberdade, 2009, pp. 164-171.
[23] Idem, p. 167.
[24] IDT, Geneviève. *Gide: Les Faux Monnayeurs*, op. cit., p. 59.
[25] GIDE, André. *Os moedeiros falsos*, op. cit., p. 272.

> Oferecer-nos o espetáculo de um autor comutado por um substituto, por sua vez, comutado por um personagem romancista, que escreve um romance, o qual tem todas as chances de se intitular também *Os Moedeiros Falsos*, não significa estarmos na presença de uma versão literária da ilusão infinita?[26]

A dúvida procede porque o romance *Os moedeiros falsos* não apenas é refletido internamente, no diário, mas externamente, no *Journal des Faux Monnayeurs*,[27] obra publicada em 1926 como complemento ao romance, e nos diários do próprio Gide, o que sugeriria uma situação interespecular.

É, no entanto, a duplicação paradoxal a que de modo categórico define o romance. Nem a duplicação simples nem a infinita podem harmonizar a característica mais forte de sua estrutura.

Romance dentro do romance, considerando-se tanto as primeiras anotações do diário, que mostram sua gênese e suas indagações, como as últimas anotações, nas quais se lê algumas passagens já do romance de Édouard; o diário é também romance do romance, caso se pense, ao contrário, no romance de Gide como o retrato do *work in progress* de Édouard (e nesse caso, trata-se de um romance sobre um romancista); o sistema se fecha, porém, quase num *looping*,[28] quando se entende a *mise en abyme* como "romance do romance do romance",[29] ou seja, quando se compreende que o romance de Édouard está contido no romance de Gide que está contido no romance de Édouard.

Deve-se dizer ainda que o título do livro, *Os moedeiros falsos*, faz alusão à intriga policial e secundária, que está presente no início da história, enquanto investigação de um caso de distribuição de dinheiro falsificado, mas alude também à falsificação em acepções metafóricas, contrapondo-a a preceitos como autenticidade, legitimidade e veracidade.

Romance e diário discutiriam, assim, dois modos de falseamento:

---

[26] DÄLLENBACH, Lucien. *Le Récit Spéculaire – Essai sur la mise en abyme*, op. cit., p. 50.
[27] IDT, Geneviève. *Gide: Les Faux Monnayeurs*, op. cit., p. 61.
[28] O looping seria perfeito se as obras justapostas fossem idênticas.
[29] DÄLLENBACH, Lucien. *Le Récit Spéculaire – Essai sur la mise en abyme*, op. cit., p. 51.

para o narrador, o grupo dos moedeiros falsos é o bando de Strouvilhou [que agencia crianças para a distribuição das moedas]. Para Édouard, moedeiros falsos são primeiramente seus confrades, [o escritor] Passavant em particular, mas a atribuição é "expandida consideravelmente".[30]

Assim, Passavant não é apenas moedeiro falso enquanto escritor plagiador (pois ele se apropria, por exemplo, das ideias sobre biologia expostas por Vincent), mas é considerado moedeiro falso ao representar um modo de literatura que Édouard quer superar. As palavras mentem quando não são sustentadas pela experiência, quando exercidas enquanto repetição vazia.

Se o romance é qualificado como romance de aprendizado, é porque segue o personagem Bernard em um processo de amadurecimento, que começa com uma carta, escrita em estilo "jovem-revoltado", uma carta em que palavras de efeito sobrepujam a realidade do amor paterno, e que só poderão ser revisadas e superadas após a experiência de seu amor por Laura.

Como nota Geneviève Idt,[31] Gide escolhe crianças como falsos moedeiros, pois são ainda sem vivência, reféns da palavra enquanto jogo, da palavra espetacularizada, sem lastros na realidade. A literatura é infantil, ou falsa, não porque copia ideias alheias, como faz Passavant, mas, principalmente, por um delito pior: quando difunde sentimentos admitidos, que o leitor imagina sentir, simplesmente porque têm o atestado da página impressa.[32]

Não mistificar o leitor, portanto, é desafio de Édouard em suas divagações sobre literatura, mas também do narrador — esse ente interposto entre o leitor e Gide -, e tarefa do próprio Gide ao arquitetar o romance.

No *Journal de Faux Monnayeurs*, o narrador afirma:

---

[30] IDT, Geneviève. *Gide: Les Faux Monnayeurs*, op. cit., p. 69.
[31] Idem, p. 73.
[32] "Vivemos em meio a sentimentos impostos e que o leitor imagina experimentar, porque acredita em tudo o que se imprime; o autor especula em cima disso como sobre as convenções que acredita serem a base de sua arte. Esses sentimentos soam falso como fichas, mas circulam. E, como se sabe que "a má moeda caça a boa", quem oferecesse ao público moedas verdadeiras pareceria pagar-nos com palavras", escreve Édouard no diário. GIDE, André. *Os moedeiros falsos*, op. cit., p. 354.

> Gostaria que os acontecimentos não fossem jamais contados diretamente pelo autor, mas sobretudo expostos (e muitas vezes, sob ângulos diferentes) pelos atores sobre quem os acontecimentos teriam alguma influência. Gostaria que, na narrativa que eles farão, os acontecimentos aparecessem levemente deformados; uma espécie de interesse decorre para o leitor do próprio fato que ele tem que reestruturar. A história requisita sua colaboração para se desenvolver.[33]

E o romance pratica o anelo acima descrito. O narrador não detém a verdade sobre os personagens e seus atos. Pode descrevê-los, mas concorre com os relatos dos personagens sobre si mesmos, ou deles sobre os outros agentes. As versões sobre os fatos comparecem sempre dobradas ou triplicadas, exercitadas em narrativas dentro de diálogos, em monólogo interior, em cartas, como diário.

O narrador também não se enquadra no modelo formal do realismo, e permite-se, à maneira de Fielding em *Tom Jones*,[34] fazer comentários como:

- "Olivier é, *creio*, o único a quem Lucien desvenda seus projetos." (p. 17);
- "Deixemo-los." (p. 33);
- "*Não sei bem* onde jantou esta noite." (p. 33);
- "Sigamo-lo." (p. 45);
- "Édouard *irritou-me* mais uma vez, indignou-me até. *Espero não o ter deixado perceber* muito." (p. 240);
- "Encontro numa *caderneta* algumas frases em que eu anotei o que pensava dele [Bernard] anteriormente." (p. 240);
- "Que fazer com toda esta gente? *Eu não os procurava*; foi seguindo Bernard e Olivier que os encontrei em meu caminho." (p. 242);

---

[33] GIDE, André. *Journal de Faux Monnayeurs*, pp. 30-31, 31-XI-1920, apud IDT, Geneviève. *Gide: Les Faux Monnayeurs*, op. cit., p. 56.

[34] "Em 1923, Gide projetava um prefácio para a tradução de Tom Jones, de Fielding. Ele admirava no livro as intervenções do narrador, que, no início dos capítulos, comenta sua narrativa e analisa seus personagens. Em 1924, ele renuncia ao projeto, mas utiliza os procedimentos de Fielding: "este curto mergulho em Fielding esclareceu-me sobre as insuficiências de meu livro. Pondero se não deveria aumentar o texto, intervir [...], comentar." GIDE, André. *Jounal de Faux Monnayeur*, p. 80, 14-II-1924, apud IDT, Geneviève. *Gide: Les Faux Monnayeurs*, op. cit., p. 63.

» "Olivier se apressa rumo à Sorbonne. É nessa manhã que Bernard deve fazer a prova escrita. *Como é que Oliver está sabendo? Mas talvez ele não saiba.* Vai se informar." (p. 282).[35]

Instrumento anti-ilusionista, os comentários do narrador-personagem criam, porém, uma nova ilusão. Como nota Idt,[36] o narrador se retrata como um "inventor", ou melhor, como "inventante", incluindo seu leitor na intimidade de sua imaginação e escolhas imediatas.

Gide escreve em um diário; Édouard tem também o seu; o narrador fala de uma caderneta; e mesmo Bernard se imiscui nesse jogo de repetição: "Há alguns dias mantenho um caderno, como Édouard; na página da direita escrevo uma opinião, desde que, na página da esquerda, em frente, possa anotar a opinião contrária",[37] segreda Bernard para Laura.

Os moedeiros falsos estrutura-se por meio de duplicação ou triplicação de tipos e situações. Ao exemplo arrolado acima, pode-se acrescentar, sem esgotar as variáveis:
» há dois bastardos: Bernard e o filho que Laura espera;
» dois servidores públicos: os pais de Bernard e Olivier;
» dois escritores homossexuais: Édouard e Passavant;
» duas partidas para a África;
» há três retratos da aprendizagem dos jovens: o de Bernard, que amadurece moralmente, pode-se dizer; o de Armand, que praticará sempre o cinismo; o de Olivier, que passa pela questão da homossexualidade;
» o tema do suicídio comparece três vezes: em projeto (para la Pérouse); em projeto frustrado (para Olivier); trágico (para Bóris);
» há três retratos de jovens mulheres: Rachel, a resignada; Laura, a adúltera; Sarah, a aventureira.

---

[35] GIDE, André. *Os moedeiros falsos*, op. cit.
[36] IDT, Geneviève. *Gide: Les Faux Monnayeurs*, op. cit., p. 63.
[37] GIDE, André. *Os moedeiros falsos*, op. cit., pp. 213-214.

O dispositivo multiplicador opera com variáveis e combinatórias, o que evita a desagregação em romance tão diversificado. Contudo, é mesmo o diário o agente inflexivo por excelência e centralizador, pequeno e potente espelho interno da obra.

2. GEORGES PEREC E *A COLEÇÃO PARTICULAR*

> *Entre o* Anch'io son'pittore *de Corregio e o* Aprendo a olhar *de Poussin, cruzam-se as fronteiras frágeis que constituem o campo estreito de toda criação, e cujo desenvolvimento último só pode ser o Silêncio.*
>
> *Georges Perec*

A coleção particular de Georges Perec,[38] publicado em 1979, é um relato, ao modo da crônica, que se detém sobre a exposição, a repercussão e a gênese da pintura intitulada "Coleção particular"[39] (alusão ao próprio gênero praticado [Fig. 12]), do pintor teuto-americano Heinrich Kürz.

Georges Perec parece amoldar-se à figura do narrador, e assim será referido na síntese que segue. O resumo é feito, no entanto, sem abandonar a ordem dos fatos, para destacar aspectos de sua arquitetura e preparar para a peripécia final. Assim, os comentários pertinentes ao estudo da *mise en abyme* virão entre colchetes, a fim de não serem confundidos com o relato.

Segundo o narrador, em 1913, por ocasião do 25º aniversário do reinado do imperador Guilherme II, a cidade de Pittsburgh, detentora de colônia alemã, comemorou a efeméride com inúmeros eventos cultuais, dentre os quais, uma exposição de pintura, que teria passado despercebida, não fosse o interesse que a obra "Coleção particular" causou.

[Perec encaixará, ou citará, em sua narrativa outras formas de relato, como nota de jornal, artigo de jornal, listagem, descrições de

---

[38] PEREC, Georges. *A coleção particular*, Ivo Barroso (trad.). São Paulo: CosacNaify, 2005.
[39] Trata-se de um gênero de pinturas que se define por retratar uma coleção de pinturas.

Figura 11
Galeria de arte 1956 – Ilustração em litografia
M. C. Escher

catálogo, carta, autobiografia, tese; assim, traduzirá literariamente o mesmo procedimento da "Coleção particular", que duplica pinturas.]

Notas nos jornais da época aludem ao quadro "Coleção particular" qualificando-o de "obra edgar-poesca" [referência a seu aspecto duplicativo, presente em "A queda da casa dos Usher", que é citado no relato como tema do quadro de um certo Frank Staircase[40]] e propagadora dos "novos valores niestzscheanos" [ou, o Eterno Retorno].

Por um *artigo no jornal* fica-se sabendo que o proprietário do quadro é o teuto-americano Hermann Raffke [o sobrenome se refere ao termo alemão para novo rico ou mercenário], produtor de cerveja e colecionador de arte, e quem encomendou o quadro ao pintor Heinrich Kürz. O mesmo artigo arrisca ainda uma descrição do quadro: o retrato representa Hermann Raffke "sentado em seu estúdio de colecionador, diante de alguns de seus quadros preferidos".[41]

---

[40] O quadro é homônimo ao conto de Edgar Alan Poe, o qual trabalha a duplicação em vários modos: irmãos gêmeos; canção sobre um palácio mal-assombrado, que espelha a casa dos Usher; pinturas do personagem Roderick duplicam a situação da casa; leitura do conto "The Mad Tryst", que espelha a situação do personagem.
[41] PEREC, Georges. *A coleção particular*, op. cit., p. 14.

Figura 12
Coleção particular de Cornélius van der Geest, 1628, óleo sobre tela
Willem van Haecht
Rubenshuis, Antuérpia

Mais detalhes sobre o quadro de Kürz são referidos no *catálogo da exposição*; de acordo com a hipótese do narrador, esses detalhes desencadearam a curiosidade do público. Segundo o catálogo, "a tela representa uma vasta peça retangular, sem portas nem janelas aparentes, cujas três paredes visíveis estão totalmente cobertas por quadros";[42] à esquerda, em primeiro plano, o cervejeiro Hermann Raffke está retratado, sentado em uma poltrona verde, ladeada por uma mesinha e por um cão ruivo adormecido; os quadros que cobrem as paredes são de todos os gêneros, das escolas europeia e americana, e adquiridos por Raffke sob conselho de renomados peritos.

O autor do catálogo destaca três obras copiadas por Kürz em sua "Coleção particular": "Visitação", na qual sobressaem as figuras de Santa Isabel e da Virgem, que representa, em primeiro plano, três velhos de negro [um dos velhos está sentado em um tamborete verde, olhando a paisagem ao fundo, e parece espelhar o velho Raffke, em poltrona verde, voltado para seus quadros]; "Os preparativos do almoço", natureza morta; e "Retrato de Bronco McGinnis", o homem mais tatuado do mundo.

---

[42] Idem, ibidem.

[Nota-se o espelhamento entre Bronco, cujo corpo é uma tela inteiramente pintada, e Kürz, cuja obra é uma tela inteiramente preenchida com pinturas. Nota-se, ainda, que o retrato do homem tatuado, como será descrito adiante, é o único quadro que não está pendurado na parede, mas repousa sobre um cavalete, disposto no canto direito do gabinete. A diagonal, que vai do colecionador ao quadro que simboliza Kürz, estabelece a cumplicidade entre os dois personagens.]

O catálogo encerra sua descrição *revelando* uma "surpresa maravilhosa": o pintor incluiu o seu próprio quadro dentro do quadro [criando a *mise en abyme*], duplicando assim o cervejeiro, o recinto e os quadros nas paredes, que podem ser observados "sem perder a precisão", não só no primeiro, mas também no segundo e terceiro reflexos [observe-se que há uma aparente predileção de Perec pelo número 3 e seus múltiplos, a percorrer toda a novela, como que duplicando os três níveis de reflexo do quadro original]. E conclui, arriscando uma interpretação, vinculando a obra à já pressentida intenção nietzscheana, ou seja, à realidade do Eterno Retorno.

Perec retoma o relato, acrescentando que a sala, em que o quadro estava exposto, foi decorada de modo a parecer-se o mais fielmente possível com o gabinete do cervejeiro e colecionador Hermann Raffke: o quadro ocupava a parece ao fundo; à direita, o cavalete com o retrato de Bronco McGinnis; as demais pinturas pertencentes à coleção do cervejeiro, e reproduzidas no quadro de Kürz, dispostas nas paredes de modo similar ao notado no quadro. [Assim, o quadro "Coleção particular" abisma-se não só internamente, mas, dadas as condições da decoração da sala da exposição, reflete-se exteriormente.]

O relato de Perec dá conta de que frequentadores obsessivos da exposição podiam admirar o quadro de 3m x 2m, sua reprodução em abismo com 1m x 0,70m, uma terceira cópia com 11cm x 8 cm, mas, quando munidos com lupas, detectavam imagens até a sexta repetição, com 5mm x 3mm, ainda que sem nitidez.

Faz-se notar também que uma das diversões do público era descobrir diferenças entre as diversas versões dos quadros. Pois, como se descobre, o pintor "se obrigara a jamais copiar estritamente seus modelos",[43] introduzindo sempre uma pequena variação, por exemplo, "um pastor, ao recolher suas ovelhas ("A lição de pintura", Escola Holandesa), teria contado uma dezena delas na primeira cópia, uma vintena na segunda e nenhuma na terceira".[44]

[Como explica Else Jongeneel, no artigo "Le Musée en Trompe-l'Oeil: *Un Cabinet d'Amateur* de Georges Perec": "As 'cópias alteradas' e encadeadas criam um efeito de metamorfose que temporaliza os instantâneos pictóricos em relato".[45] Assim, a pintura se torna discurso, e a reflexão entre Kürz (pintor ou copiador) e Perec (cuja escrita é exercício a partir de estilos pré-dados) é acentuada.]

As filas e rixas do público para assistir à exposição acabaram por suscitar a ira de um visitante, que, tendo esperado toda uma manhã e não conseguindo ver o quadro, invadiu a sala, lançando sobre a tela um frasco de nanquim.

Com isso Raffke mandou retirar toda a coleção da exposição, mas isso não arrefeceu o interesse no quadro de Kürz, que motivou *um estudo* publicado no *Bulletin of the Ohio School of Arts*, assinado por Lester K. Nowak. Para Nowak, como resume Perec, "toda obra é o espelho de outra",[46] e a obra de Kürz seria triplamente facetada [novamente a obsessão pelo 3]: 1) é, ao mesmo tempo, história da pintura, 2) oposição à tradição, pois impõe um itinerário próprio, 3) e reflexo de sua situação de pintor, ao colocar seu próprio quadro em abismo na obra. Condenada à repetição, a arte estaria morta, e a obra de Kürz seria a derradeira e melancólica tentativa de invenção, verdade que o retrato de Bronco McGinnis, o homem mais tatuado do mundo, repetido ao finito, ironizaria. Como explica Nowak: "homem tornado pintura sob o olhar do colecionador, símbolo nostálgico e zombeteiro, irônico e desabusado desse 'criador' espoliado do direito de pintar, doravante entregue a contemplar e a

---

[43] Idem, p. 20.
[44] Idem, ibidem.
[45] JONGENEEL, Else. "Le musée en trompe-l'oeil: Un cabinet d'amateur de Georges Perec", in *Dalhousie French Studies, Art and Contemporary Prose*, v. 31, Dalhousie University, Summer, 1995, pp. 28-38.
[46] PEREC, Georges. *A coleção particular*, op. cit., p. 22.

oferecer em espetáculo a única proeza de uma superfície integralmente pintada".[47]

Em 1914, Raffke morre, é embalsamado e selado no jazigo juntamente com o quadro de Kürz. O colecionador de arte e cervejeito foi sentado em uma poltrona na mesma posição em que se mostrava no quadro; também um cavalete foi posto na extremidade direita do aposento, agora, porém, com um retrato do falecido no Egito, quando jovem, trajando flanela branca.

[Como um faraó, está selado com seu bem mais precioso. A alusão ao Egito pode refletir também um quadro de sua coleção, entitulado "Enigma", que será descrito adiante, e faz referência à morte. A roupa branca pode anunciar, em contraste com o retrato de McGinnis, uma tela ainda por pintar, uma vez que, mesmo morto, sua coleção e seus feitos passados terão grande impacto no meio das artes.]

Em 1914, ocorre também o primeiro leilão da coleção do cervejeiro, mas, para a decepção do público, nenhuma das obras apresentadas havia sido reproduzida no quadro de Kürz. O narrador destaca três [novamente três] de escola europeia: 1) uma paisagem à manivela, feita como fundo para um teatro de marionetes, que desenrola inúmeras paisagens e recintos, inclusive um teatro de marionetes [o que espelha a estrutura de "Coleção particular", um teatro de marionetes dentro de outro]; 2) um quadro de Hogarth, chamado "A mansão ao revés", exercício óptico que "pretendia demonstrar como uma perspectiva ligeiramente falseada pode chegar a produzir ilusões aberrantes"[48] [tradução perfeita do quadro de Kürz e da própria coleção de Raffke, que imporão, anos mais tarde, um desfecho chocante ao mundo das artes, como se verá]; 3) uma paisagem do francês Auguste Hervieu, que, após muitas viagens, regressa à França e para de pintar [espelhando Kürz que para de pintar, terminada sua "Coleção particular"].

Apenas em 1924, o segundo leilão aconteceria. Nesse ínterim, surgem duas obras importantes sobre Hermann Raffke e Kürz.

[47] Idem, p. 25.
[48] Idem, p. 31.

A autobiografia de Hermann Raffke, redigida por seus dois filhos, com base em notas e material deixado pelo pai, permite refazer a história da coleção de arte, com descrição de detalhes de todas as suas viagens e relato sobre os contatos com muitos especialistas que contribuíram para a escolha e compra das obras. Ao final do livro, descreve-se os 15 quadros preferidos do colecionador [lembre-se que 15 é múltiplo de 3], entre eles "Retrato de um cavaleiro", que revela todos os ângulos do personagem, refletido ora em uma fonte, ora na couraça de aço, e em um broquel [três espelhamentos, que novamente aludem aos três reflexos dos quadros dentro do quadro]; "Preparativos do jantar" [que aparecera já discriminado no catálogo da exposição de 1913, como "Preparativos do almoço"; a variação de nome espelha o método mutatório, empregado por Kürz nas cópias em abismo]; e "Visitação" [que será comentado três vezes no decorrer do relato, no catálogo da exposição, na autobiografia e no livro de Nowak].

Heinrich Kürz, an American Artist 1884-1914 é uma tese do já citado Lester Nowak, que se tornara amigo do pintor e que, após seu desaparecimento em um acidente de trem em 1914, recebe de sua irmã a incumbência de organizar "anotações, esboços, rascunhos e estudos", tarefa que se transforma em uma potente tese sobre a obra de Kürz. A tese revela, por exemplo, a presença de toda a família de Hermann Raffke na "Coleção particular", figurada nas réplicas e variações dos quadros; por exemplo, as três noras são as "Três parcas" de um anônimo italiano; em "O enigma" figuram os sete netos do cervejeiro; em "Mefistófeles" é o sobrinho, Humbert Raffke, quem aparece zombeteiro [esse personagem, logo se verá, tem papel decisivo na peripécia final]. Nowak também corrige sua opinião anterior sobre Kürz, e entende agora sua obra como processo de incorporação, "projeto para o Outro e Roubo", cujo desfecho "só pode ser o Silêncio".[49] Além disso, o autor reconstitui a história de quase todos os quadros, garantindo sua autenticidade. Confirma, por exemplo, que a [já três vezes citada] "Visitação" é de

---

[49] Idem, p. 53.

Andrea Solario; prova que "O cavaleiro no canho" [nomeado antes como "Retrato de um cavaleiro"] é de Giorgione. [O trabalho investigativo de Nowak, rastreando o destino das obras, sua passagem por vários colecionadores, com vistas a provar sua autenticidade, salienta o caráter mercantil da arte, que, como nota Jongeneel, "tornou-se objeto de comércio identificado por intermédio de seu possuidor e usufrutuário"[50]]. Nowak faz notar, ainda, que Kürz incluiu no quadro duas obras próprias, uma de juventude e outra que é um projeto para uma obra futura [o que espelha o projeto do pintor e de Raffke, ambos desaparecidos em 1914, que deixam um legado com implicações futuras, como será comentado a seguir].

Em 1924, acontece finalmente o segundo leilão, para onde acorrem colecionadores e seus conselheiros, diretores de museus e *marchants*. *O catálogo é redigido por Nowak e outros especialistas.* O primeiro dia oferece arte americana. O segundo dia, moderna pintura alemã, e vende por baixíssimo valor Ensor, Macke e Klimt, ainda não reconhecidos à época. O terceiro dia é dedicado à escola alemã. Nos últimos dias, foram propostos quadros das escolas francesa, flamenga, holandesa e italiana, vendidos por cifras recordes à época. Descreve-se 39 quadros desta leva, entre eles "Preparativos do almoço" [citado pela terceira vez] e "O enigma" de Boucher, no qual há três meninas à roda e um jovem; mas que nas variações de Kürz apresentam 1) três meninas à roda de um esqueleto com foice, 2) os sete netos de Raffke, 3) um quadro do mesmo pintor, que o colecionador não pôde comprar.

O relato encerra-se, então, com chocantes revelações: que, anos mais tarde, todos os compradores desse leilão receberam uma carta assinada por Humbert Raffke, sobrinho do cervejeiro, explicando que a maioria das obras vendidas era falsa, e ele próprio, seu autor [ou falsificador]; que tudo não passou de um ato de vingança, pois o colecionador Raffke, logo nos primeiros anos da formação de sua coleção, detectou, com a ajuda do sobrinho, que vinha sendo enganado pelos peritos e especialistas, comprando obras sem valor;

---

[50] JONGENEEL, Else. "Le musée en trompe-l'oeil: Un cabinet d'amateur de Georges Perec", op. cit., p. 32.

que um esquema familiar e entre amigos foi montado, envolvendo filhos e cúmplices do calibre de Lester Nowak, assim como Humbert Raffke, sobrinho do cervejeiro e prodigioso pastichador, visando a mistificar colecionadores, *marchants* e peritos; que, nas viagens de Raffke, este coletou e forjou provas para garantir a autenticidade das obras que Humbert Raffke, vulgo Heinrich Kürz, pintava.

A elaboração da "Coleção particular" reforçaria a autenticidade dos quadros, do qual seria cópia.

"Verificações conduzidas com diligência" — explica Perec – "não custaram a demonstrar que, de fato, a maior parte dos quadros da coleção Raffke eram falsos, como são falsos a maioria dos detalhes desta narrativa, concebida unicamente pelo prazer, pelo gosto de iludir".[51]

***

Lido a contrapelo, o relato de Perec revela fina ironia, velada ao leitor numa primeira abordagem, mas diligentemente construída. Por exemplo, o "Mefistófeles", atribuído ao pintor Larry Gibson (obra e pintor inventados), é substituído no primeiro reflexo, dentro da "Coleção particular", pela figura do "diabólico" Humbert Raffke, vulgo Heinrich Kürz, "cujos olhinhos sorridentes se enrugam de prazer sob as lentes com armação de aço". O prazer de Humbert — o prazer de iludir — é semelhante ao declarado por Perec ao fim da história, e que se reflete nos olhinhos sorridentes do autor, capturados na maior parte de seus retratos.

O tema de *A coleção particular* repete aquele do romance *Vida modo de usar*, publicado um ano antes, e considerado a obra-prima de Perec, qual seja, o estatuto da arte na sociedade moderna.[52] Sem aura, e em regime mercadológico, a obra de arte está submetida a uma produção em série, e pode ser discutida por meio da questão da cópia e do falso.[53]

---

[51] PEREC, Georges. *A coleção particular*, op. cit., p. 72.
[52] JONGENEEL, Else. "Le musée en trompe-l'oeil: Un cabinet d'amateur de Georges Perec", op. cit., pp. 29-30.
[53] "*A Coleção Particular*, [...], prolonga de modo humorístico a temática das relações entre arte e sociedade moderna, submetida à lei da economia de mercado, que é antes de mais nada uma economia do produto em série, portanto falso". Idem, p. 31.

André Gide, como se viu, pensara a arte nessa chave. Para ele, são moedas falsas as acomodações literárias, ou repetição de modelos já assimilados e habituados, de modo que a busca por uma forma nova é desejável. Perec, no entanto, parece levar o debate gideano mais longe, ao propor uma obra autoanuladora: toda a diligente construção de *A coleção particular* é subitamente referenciada como jogo, como falso, como pastiche. Não há novidade possível na era da mercantilização da arte, quando as aspirações do romantismo estão definitivamente enterradas.

Tudo é roubo; e se a assimilação do espólio pode ser mostrada por meio de variações, estas não garantem que, por sua vez, não serão também roubadas. Copiar é poder ser copiado. Eis a tese de Nowak sobre Kürz:

> Não se trata, como adiantei há dez anos em minha primeira análise da obra, de um procedimento irônico, visando a restaurar a ideia, decerto sedutora mas fechada em si mesma, de uma "'liberdade do artista" diante desse mundo que ele está mercantilmente encarregado de reproduzir, e muito menos de uma perspectiva histórico-crítica atribuindo ao pintor a impossível herança de não se sabe bem que "idade de ouro" ou "'paraíso perdido", mas, bem ao contrário, de um processo de incorporação, de uma açambarcamento: ao mesmo tempo projeção para o Outro e Roubo, no sentido prometeico do termo.[54]

Entretanto, se tudo é cópia, se a busca pelo autêntico modelo originário está fadada ao insucesso, é possível uma poética do espelho. *A coleção particular* de Perec espelha, por meio de procedimentos literários, o quadro "Coleção particular" de Humbert Raffke, que espelha a lógica comercial e serial da qual é refém e algoz.

As vítimas de Humbert e Hermann Raffke foram os *marchants*, peritos da arte, diretores de museus; a vítima de Perec é, porém, o leitor, lesado em sua inocência ou ignorância das regras impostas às artes enquanto mercadoria.

O espelho interno de *Os moedeiros falsos*, o diário, como foi falado, estrutura o romance como um sistema fechado, cuja inflexão infinita traduz-se como duplicação paradoxal. O espelho em

---

[54] PEREC, Georges. *A coleção particular*, op. cit., p. 52.

A coleção particular, no entanto, move-se expansivamente, em aprofundamento sem fim, logicamente deduzido — pois toda cópia é copiável -, e traduz-se, na gramática dallenbachiana, como duplicação infinita.

3. SAMUEL BECKETT: *MISE EN ABYME* E REPETIÇÃO

> Abîmes de conscience.
> Abîmés dans qui sait
> quels abîmes de conscience.
>
> *Samuel Beckett*

3.1. *Esperando Godot, Fim de partida, A última gravação de Krapp, That Time, Companhia, Molloy* e *Passos*

Em *Esperando Godot,* detecta-se o espelho interno à obra, ou *mise en abyme,* na canção com que Vladimir inaugura o segundo ato. A canção, que foi citada anteriormente, espelha a peça teatral formalmente, pois esta também é infinita e circular — começa aleatoriamente, em um dia idêntico aos dias passados, e termina sem terminar, estando os personagens condenados à mesma rotina no futuro. A canção espelha ainda, em registro metateatral, a virtualidade repetitiva das peças teatrais nas temporadas, ou renovadas a cada montagem.

Mas há outras *mise en abyme* em *Esperando Godot*: quando os personagens assistem à *performance* de Lucky, ou quando Didi e Gogo assistem ao canastrão Pozzo recitar, configura-se o teatro dentro do teatro. E se o local onde os personagens se encontram é chamado de *plateau* (palco em francês), e se os ingredientes do teatro aristotélico são ignorados ou parodiados,[55] é porque Beckett pretende problematizar o teatro tradicional.

---

[55] O diálogo conflituoso, motor do teatro clássico, por exemplo, transforma-se em conversa sem consequências; a peça não tem começo, meio e fim, mas uma duração potencialmente eterna; não há clímax e os personagens esperam por nada.

A dimensão metateatral, que a *mise en abyme* destaca, faz de *Esperando Godot* um teatro de acusação: o modelo aristotélico é repetição e hábito,[56] e só pode ser praticado enquanto derrisão, no confronto com um mundo mais complexo, em que Deus, a *Aufklärung*, o progresso não garantem mais um sentido pessoal, nem uma unidade social.

***

A dimensão metateatral é retomada, mais enfaticamente, em *Fim de partida*. A *mise en abyme* é divisada na história do louco, rememorada por Hamm, e que miniaturiza a situação da peça:

> *Hamm:* Conheci um louco que pensava que o fim do mundo tinha chegado. Ele pintava. Eu gostava muito dele. Ia vê-lo no hospício. Eu o tomava pela mão e o arrastava até a janela. Olhe! Ali! O trigo começa a brotar! E ali! Olhe! As velas dos pesqueiros! Como é bonito (*Pausa*) Ele me fazia soltar sua mão bruscamente, e voltava para o seu canto. Apavorado. Tinha visto apenas cinzas. (*Pausa*) Apenas ele tinha sido poupado. (*Pausa*) Esquecido. (*Pausa*) Parece que o caso não é... não era... tão... tão raro.[57]

Se o louco acreditava que o fim do mundo havia chegado, Hamm habita uma espécie de *bunker* ou abrigo, fora do qual "é a morte"[58] (e dentro do qual as provisões acabaram). Se o louco não via da janela nem mar nem os trigais, o cego Hamm, secundado por Clov e sua luneta, inteira-se de que a terra está "cadavérica"[59] e de que o mar tem ondas de chumbo.[60] Assim como o louco que só enxerga cinzas, Clov ensina que não faz sol, nem está escuro, mas cinza. A loucura de um e a cegueira do outro têm em comum o voltar-se para dentro, o afastamento do mundo exterior, retratada na insensibilidade em relação ao outro, na "des-responsabilização" em relação ao estado do mundo. O louco é pintor, e o fato de haver em

---

[56] "Mas o hábito é uma grande surdina", diz Vladimir em seu monólogo ao final da peça, sobrepondo o estrato metateatral ao existencial. BECKETT, Samuel. *Esperando Godot*, Fábio de Souza Andrade (trad.). São Paulo: CosacNaify, 2005, p. 186.
[57] BECKETT, Samuel. *Fim de partida*, Fábio de Souza Andrade (trad.). São Paulo: CosacNaif, 2002, p. 97.
[58] "Fora daqui é a morte", diz Hamm. Idem, p. 48.
[59] Idem, p. 77.
[60] Idem, p. 79.

cena um quadro pendurado pode ser vestígio seu. Hamm se considera romancista, cria oralmente uma história — elemento épico responsável pela tensão e clímax do drama -, e se vale de jargões dramatúrgicos e até de uma citação shakespeariana:

> *Hamm:* [...] Estamos progredindo.[61]
>
> *Clov:* Pra que eu sirvo?
> *Hamm:* Pra me dar as deixas.[62]
>
> *Clov:* [...] Quê? (Pausa) [Você falou] comigo?
> *Hamm:* [...] Um aparte, cretino! É a primeira vez que ouve um aparte? (Pausa) Estou repassando meu monólogo final.[63]
>
> *Hamm:* Mais complicações! [...] Tomara que não se desenrolem![64]
>
> *Hamm:* Fim da folia.[65]

A *mise en abyme*, portanto, parece alertar, como em *Esperando Godot*, para a crise do drama. A fábula do louco dentro da fábula de Hamm — duplicação simples, em termos dallenbachianos -, ativa no leitor ou espectador uma atenção crítica.

A hipótese de que *Fim de partida* encene o diagnóstico prescrito por Beckett ao crítico de arte Georges Duthuit, em uma conversa sobre artes plásticas, em 1949, deve ser considerada. Naquele momento, Beckett manifestava já sua preferência por uma espantosa arte, cuja expressão paradoxal seria a "de que não há nada a expressar, nada com que expressar, nada a partir do que expressar, nenhuma possibilidade de expressar, nenhum desejo de expressar, aliado à obrigação de expressar".[66]

As primeiras palavras de *Fim de partida* — "acabou, está acabado, quase acabando, deve estar quase acabando"[67] -, proferidas por

---

[61] Idem, p. 48.
[62] Idem, p. 114.
[63] Idem, p. 139.
[64] Idem, ibidem.
[65] Hamm citando Shakespeare de *A tempestade* (ato 4, cena 1). Idem, p. 112.
[66] BECKETT, Samuel. "Três diálogos com Georges Duthuit" in ANDRADE, Fábio de Souza. *Samuel Beckett: o silêncio possível*. São Paulo, Ateliê, 2001, p. 175.
[67] BECKETT, Samuel. *Fim de partida*, op. cit., p. 38.

Clov, parecem pontuar o estágio terminal do drama, do drama aristotélico, que persiste quando seus recursos estão esgotados (assim como as provisões dos personagens dentro do *bunker*) e não há mais motivos para prosseguir (e, no entanto, prossegue-se, por hábito, por inércia).

***

O aspecto metalinguístico da *mise en abyme* em *A última gravação de Krapp* é menos aparente do que nas peças precedentes. Krapp é o malsucedido autor de um livro só e o cronista oral de sua vida, a qual resume em gravações anuais. A encenação — que retrata Krapp ouvindo uma fita gravada por ele na qual declara ter ouvido outra fita gravada por ele — coloca em abismo o quadro contemplado pelo público. No entanto, apesar do personagem ser também escritor, o alvo da obra não é o espelhamento de Krapp com o autor da peça, mas uma investigação sobre o tempo e a memória, uma alternativa pessimista à resposta proustiana, como já foi dito no Capítulo 1, e que torna a questão da autoria periférica. Diga-se, ainda, que a duplicação aqui pode ser classificada como virtualmente infinita, lembrando as ilustrações virtualmente infinitas das caixas de aveia e achocolatado.

***

That Time pertence à segunda fase do teatro de Samuel Beckett, a qual coincide com sua terceira fase como escritor. Lembre-se que Beckett estreia no teatro aos 47 anos, já conhecido, senão mundialmente, como veio a ser como dramaturgo, ao menos nos círculos literários, como contista e romancista. A divisão de seu percurso autoral é proposta e explicada por Carla Locatelli, em seu livro *Unwording the World: Samuel Beckett's Prose Works after the Nobel Prize*.[68] A primeira fase traria a marca da paródia. Em intercâmbio com outras obras, e para contradizê-las, esse período, assumindo a tradição literária, seus cânones e estruturas básicas, transgrediria, contudo, no registro da fábula. A noção de gênero que nesse momento é preservada será, no entanto, posta em xeque na fase

---

[68] LOCATELLI, Carla. *Unwording the World: Samuel Beckett's Prose Works after the Nobel Prize*. Philadelphia: University of Pennsylvania Press, 1990, pp. 80-111.

posterior, que Locatelli nomeia "metanarrativa". Aqui Beckett procede a uma corrosão interna dos gêneros. *Molloy*, por exemplo, pode ser entendido como um romance que abala os pilares estéticos do próprio romance, assim como *Esperando Godot, Fim de partida* e *Dias felizes* problematizam aqueles do drama. A terceira fase, finalmente, seria de ordem discursiva e bastante complexa. Nela a obra apresentaria uma suspensão autorreflexiva do sentido, um discurso movediço, que enfrentaria literariamente o seguinte dilema: o papel da linguagem deve ser tematizado sem se esquecer que é a linguagem que permite essa tematização. *That Time, Passos, Improviso de Ohio* e *Companhia* são exemplos desse momento.

That Time opera a *mise en abyme* de três maneiras. Na primeira, nota-se a instituição do teatro dentro do teatro: o personagem Ouvinte e o público são testemunhas da voz e espelham-se no pronome "você" emitido por ela nas versões A, B e C. Na segunda *mise en abyme*, verifica-se que as três narrações repetem um mesmo padrão figurativo ao descreverem um ser solitário (seja ele criança, adulto ou velho) inventando histórias para ter companhia. A constatação reforça a hipótese de que o Ouvinte, mostrado sozinho no palco, esteja submetido ao mesmo mecanismo: ou seja, sua ação "dramática" seria rememorar/inventar[69] histórias para ter companhia. O Ouvinte, nesse caso, pode ser considerado o espelho para onde convergem as imagens das narrativas. Rememorar/inventar histórias e ouvi-las compõem as ações da peça, que sofrem, nos dois casos, a duplicação simples. Uma terceira *mise en abyme* ocorre quando se entende a peça como encenação do "manicômio do crânio" ou, o que foi sugerido no Capítulo 1, como uma encefaloscopia. Nesse caso, aquilo que o público testemunha — uma cabeça arfante a 3 metros do chão ouvindo histórias — seria a imagem projetada dentro de um crânio por outro inventor/imaginador de histórias. Novamente tem-se exemplo de duplicação simples.

* * *

---

[69] Uma vez que não há como definir o que procede da imaginação e o que vem da memória do Ouvinte.

O texto *Companhia*, por sua vez, tem estrutura duplicativa infinita. Como se viu no Capítulo 1, um narrador (que fala em terceira pessoa) descreve a situação de um ouvinte que escuta uma voz no escuro (que fala em segunda pessoa), a qual recita fragmentos de memória, com o objetivo de conferir a ele um passado, de modo a obrigá-lo a dizer no final, "sim, eu me lembro". No mesmo escuro, ou talvez em um outro, é sugerida a presença do imaginador, imaginando "isso tudo" para ter companhia. Mas o ouvinte, cada vez mais identificado com o próprio imaginador, não falará "eu". O uso do pronome "eu" é interdito. Essa proibição pode ser explicada pela mecânica duplicável da imaginação. Sempre que se imaginar, que pensar em si mesmo, o imaginador irá se objetificar, gerando cisão do tipo sujeito/objeto, em um processo sem fim, que ilustra a duplicação infinita.

O aspecto metateatral detectado em *Esperando Godot* e *Fim de partida*, e que tem na *mise en abyme* o instrumento crítico necessário, não se encontra em *That Time*, e nem *Companhia* se pode pensar exatamente como metaromance. A investigação destes dois últimos textos desce para uma escala subterrânea, abaixo da questão do gênero e da própria literatura, e quer decifrar o motor da criação literária, esse processo obscuro, aparentemente incontrolável, que se impõe como necessidade, chamado imaginação. Como Carla Locatelli pontua, a linguagem é problematizada aqui por meio da linguagem. O *mise en abyme* configura-se, portanto, como um instável espelho metalinguístico.

Nem sempre, porém, os textos beckettianos operam a duplicação da própria obra por meio de *mise en abyme*. *Play*, por exemplo, peça teatral de 1963 última peça da fase metateatral do teatro de Beckett, duplica-se por simples repetição.[70] Ao final do texto, o leitor é surpreendido com um vocabulário vindo da música, "coda", e o espectador tem de assisti-la novamente. Esse dispositivo permite ao

---

[70] Para contato com um abrangente estudo sobre a repetição na obra de Samuel Beckett, cf *Samuel Beckett: Repetion, Theory and Text* de Steven Connor. CONNOR, Steven. *Samuel Beckett. Repetition, Theory and Text.* Worcester: Basil Blackwell, 1988.

público orientar-se em um texto enunciado de modo entrecortado e acelerado, no limite da compreensão.

***

O romance *Molloy*, publicado em 1951, é, na expressão de Souza Andrade, uma narrativa terminal.[71] De acordo com a classificação de Carla Locatelli, *Molloy* pertence à segunda fase da obra beckettiana, que opera uma corrosão interna ao gênero praticado. Ao colocar em xeque a forma romance, denunciando sua insuficiência epocal, *Molloy*, porém, não se estabelece como forma nova, uma vez que retoma os elementos constitutivos dessa arte em chave derrisória. O esteio do romance tradicional, a relação possível e reveladora entre sujeito e mundo, é problematizada quando o enredo desenrola-se enquanto aventura gratuita e circular, e quando os personagens não dominam mais seus pensamentos,[72] mas, pelo contrário, são por eles comandados e oprimidos, na forma de uma voz imperativa.

Molloy, no que interessa a este estudo, pode ser chamado de romance de repetição, mas diferentemente de *Play*, repete-se por metamorfose. Composto de duas partes — a primeira protagonizada e narrada pelo personagem homônimo ao título, Molloy; a segunda protagonizada e narrada por Moran -, o romance é o curioso processo que mostra a transformação gradativa da segunda parte na primeira, e que ocorre em três instâncias:

» na escala dos personagens, o detetive Moran se transforma paulatinamente naquele que investiga, ou seja, em Molloy;[73]
» na escala da fábula, a errância de Moran durante a investigação é pontuada por acontecimentos muito semelhantes à errância de Molloy, narrada anteriormente, na primeira parte;

---

[71] ANDRADE, Fábio de Souza. *Samuel Beckett: o silêncio possível*. São Paulo, Ateliê, 2001, pp. 41-78.
[72] "[...] se o mergulho interior e o autoexame foram, nos primórdios do romance, faces da vontade de compreensão do seu lugar no mundo, aqui temos a máquina pensante como um mecanismo autônomo e independente da vontade de seu possuidor". Idem, p. 47.
[73] Para Northrop Frye, a metamorfose é do tipo encontrada no clássico de Stevenson: "Moran inicia sua procura por Molloy, atento que sua busca real é para encontrar Molloy dentro de si mesmo, como um tipo de Hyde em relação a seu Jekyll". FRYE, Northrop. "The Nightmare Life in Death", in O'HARA, J. D. (editor), *Twentieth Century Interpretations of Molloy, Malone Dies, The Unnamable*. New Jersey: Prentice-Hall, Englewood Cliffs, 1970, p. 31.

» na escala narrativa, Molloy escreve sua história em primeira pessoa, ditada por uma voz interna, e Moran escreve sua história em primeira pessoa, ditada por uma voz interna.

A metamorfose pode ser explicada como o diligente empenho de Beckett em problematizar a objetividade narrativa — lembre-se que são duas narrativas supostamente testemunhais — e em problematizar a possibilidade de representação, por meio da inserção da imaginação como elemento desestabilizador e inamovível do pensamento.[74]

A imaginação é o objeto do qual Beckett se aproximará cada vez mais em seu percurso literário e estudado em obras posteriores como *That Time* e *Companhia*. Como diz Souza Andrade:

> A contaminação dos fatos pela imaginação, irmanando os relatos de Molloy e Moran seria um primeiro estágio da denúncia do esgotamento de um modelo narrativo, que colocaria face a face um sujeito movido pela necessidade de conhecer e interpretar o mundo, e um universo que se prestaria a objeto desta odisseia cognitiva.[75]

O cancelamento do conhecimento – ou impossibilidade deste – apontado por Souza Andrade, porém, está subsidiado, na estrutura do romance, pelo cancelamento do próprio romance.

No início da segunda parte, Moran escreve "É meia-noite. A chuva fustigava os vidros".[76] Assim, introduz seu relatório, que, explica, "será longo", e que discorrerá sobre sua missão: ocupar-se do caso de Molloy. O leitor acompanhará, no entanto, a transformação de Moran em Molloy, à medida que a narrativa avança. Entre as se-

---

[74] A interpretação nietzchiana de Edith Kern sobre esse romance confere à questão da imaginação o estatuto de criação artística. Para ela, o personagem Molloy é criação do personagem Moran. Surgido como uma espécie de quimera ou assombração na mente de Moran, Molloy o encaminhará para o seu "país", lugar dionisíaco, complementar à dimensão apolínea de Moran. Para Nietzsche, a criação artística depende dessas duas dimensões. Para Kern, a duplicação praticada em Molloy seria a paradoxal, a obra de Moran seria a história de Molloy que transformaria Moran em Molloy. KERN, Edith. "Moran-Molloy: The Hero as Author", in O'HARA, J. D. (editor), *Twentieth Century Interpretations of Molloy, Malone Dies, The Unnamable*. New Jersey: Prentice-Hall, Englewood Cliffs, 1970, pp. 35- 45.
[75] ANDRADE, Fábio de Souza. *Samuel Beckett: o silêncio possível*, op. cit., p. 76.
[76] BECKETT, Samuel. *Molloy*, Leo Schlafman (trad.). Rio de Janeiro: Nova Fronteira, 1988, p. 89.

melhanças biográficas – mesmos (ou parecidos) percalços, mesmos (ou parecidos) encontros, mesmos problemas fisiológicos –, será o surgimento de uma voz imperativa (e que o obrigará a escrever) a semelhança mais reveladora, sobretudo quando se lê as palavras finais de Moran e do romance: "[A voz], foi ela quem me disse que fizesse o relatório. Significa que agora sou mais livre? Não sei. Aprenderei. Então entrei em casa e escrevi, É meia-noite. A chuva fustigava os vidros. Não era meia-noite. Não chovia".[77]

A dimensão ficcional não é apenas desmascarada (a ficção denunciando a própria ficção como ficção), mas ela é, com o emprego radical da figura de linguagem epanortose, silenciada. Sobre esse aspecto, vale citar o parágrafo com que Northrop Frye encerra seu ensaio sobre Beckett:

> Muitas observações curiosamente significantes são feitas sobre o silêncio na trilogia [os romances *Molloy*, *Malone Morre* e *O Inominável*]. Molloy, por exemplo, diz: "para mim tudo está realmente silencioso, de tempos em tempos, enquanto para os justos o tumulto do mundo nunca para". O Inominável diz: "Esta voz que fala, sabendo que mente, indiferente àquilo que diz, muito velha talvez e muito vulgar para conseguir dizer suas últimas palavras, sabendo-se inútil e que sua inutilidade é vã, não ouvindo a si mesma mas o silêncio que ela destrói". Apenas quando se está suficientemente afastado desta tagarelice para saber que se está tagarelando, pode-se alcançar a serenidade genuína, ou o silêncio que é o seu habitat. "Restaurar o silêncio é o papel dos objetos", diz Molloy, mas este não é o paradoxo final de Beckett. Seu paradoxo final é sua concepção do processo imaginativo, que sustenta e informa sua notável realização. Em um mundo devotado à falação obsessiva, um mundo de televisão e rádio e ditadores gritando e gravadores e naves espaciais emitindo bips, restaurar o silêncio é o papel da escrita séria.[78]

* * *

Imaginação e silêncio são respectivamente o instrumento e a visada de outra obra teatral de Beckett, *Passos* (1976), que não emprega a *mise en abyme* como recurso duplicativo, mas trabalha um outro modo de repetição, a combinatória ou, mais precisamente, a permutação simples.

---

[77] Idem, p. 172.
[78] FRYE, Northrop. "The Nightmare Life in Death", op. cit., p. 34.

Passos está formatada em quatro partes que organizam de diferentes maneiras os mesmos elementos. Há um componente constante, a âmbiência cênica: trata-se de uma faixa de luz retangular projetada no chão, paralela à plateia, que limita o ir e vir da personagem May [Fig. 13].

As quatro partes iniciam-se com um *blackout* e o som de sinos.

Os elementos que se combinam, variando no modo como se apresentam em cada parte, são os seguintes: Voz de Mulher, a personagem May, diálogo (entre mãe e filha), eco/repetição.

A primeira parte poderia ser nomeada de evocação dos mortos ou da memória. Encena-se o diálogo entre May — jovem precocemente envelhecida, vestindo andrajos, e caminhando de lá para cá e vice-versa em invariáveis nove passadas — e Voz de Mulher — surgida do escuro, no fundo do palco.

May evoca a mãe, que acorda do sono profundo, manifestando-se através da Voz:

> *M:* Mãe. (*Pausa. Mesmo tom*) Mãe.
> (*Pausa*)
> *V:* Sim, May?
> *M:* Você estava dormindo?
> *V:* Dormindo profundamente. (*Pausa*) Ouvi você em meu sono profundo.[79]

A mãe a acompanha, contando os nove passos à medida que ela evolui no retângulo de luz, descreve sua meia volta, e indaga: "Você não gostaria de tentar dormir um pouco?". Mas May não responde à questão, disparando, em vez disso, uma série de perguntas referentes aos cuidados dispensados aos doentes: se quer que aplique a injeção; mude de posição; ajeite os travesseiros, os lençóis, pense as feridas, molhe seus pobres lábios, reze com ela. Segundo a mãe, ainda é cedo para todas essas ações, e o diálogo revela a idade das duas: 90, a mãe; 40, a filha.

May caminhará silenciosamente, até que a Voz/mãe evocará sua atenção, ecoando o início da conversa:

---

[79] Minha tradução, com base na edição: BECKETT, Samuel. *Samuel Beckett, The Complete Dramatic Works*. London: Farber and Farber, 1990, pp. 397-403.

Figura 13
http://www.exiledtheatre.com/whats-playing

V: May. (*Pausa. Mesmo tom*) May.
M: (*Caminhando*) Sim, mãe.

Repetição de palavras, ou eco, usadas como ênfase (do tipo "Mãe, Mãe"), ou de frases (o caso acima, em que a estrutura da frase é duplicada) permeiam toda a obra. Esse recurso mimetiza o ir e vir incansável da personagem sobre o palco, que mimetiza seu estado mental,[80] referido, ao final da primeira parte, pela mãe, com o vocábulo "revolver"[81] (do latim *re-volvere*, dar a volta, girar em torno): "Você nunca vai parar? (*Pausa*) Nunca parará de... revolver isso tudo? [...] Isso tudo. (*Pausa*) Em sua pobre mente. (*Pausa*) Isso tudo".

"Isso tudo", enunciado três vezes, resume o que o público assiste, e o que o leitor da peça visualiza.

A segunda parte poderia ser chamada de evocação à plateia ou exercício de imaginação. Aqui a Voz faz um monólogo — no qual comenta sua situação -, descreve o que ocorre em cena — ou seja,

---

[80] Knowlson comenta que "o caminhar [de May], apesar de nunca realmente explicado, adquire, no entanto, uma estranha forma de justificação. Parte devida a sua qualidade obsessiva e parte devida às palavras da mãe, que apresentam o caminhar solitário de May, como figuração da externalização de uma angústia interna". KNOWLSON, J. e PILLING, J. *Frescoes of the Skull*. London: John Calder, 1979, p. 222.
[81] No inglês, "to revolve".

o ir e vir de May -, fornece a essa imagem uma história — ou seja, uma origem -, e encaixa no monólogo um diálogo, no qual interpretará as vozes de May e da mãe.

A Voz inicia o monólogo, retratando-se como testemunha invisível do ir e vir da outra, testemunha, porém, inaudível para a personagem: "Eu ando por aqui agora. (*Pausa*) Melhor, eu venho e fico. (*Pausa*) Quando a noite cai. Ela acredita que está sozinha".

Se, na primeira parte, a mãe era evocada "de seu sono profundo", como que do sono da morte, aqui a Voz "ecoa" esse aspecto fantasmático da outra. E é na condição fantasmática que a Voz apela à plateia em vários momentos:

» "Olhem como ela se mantém silenciosa..."
» "Mas deixemos ela se mover, em silêncio."
» "Vejam como ela gira com habilidade".

A Voz convida a plateia a entrar na esfera de imaterial consistência que é a imaginação. É na condição de "imaginador", ou criador, ou dramaturgo, que a Voz pergunta e reflete sobre a situação em cena.

Quando ocorre uma pausa no ir e vir, e May para voltada para a plateia, a Voz convida a audiência a reparar no modo como ela mantém "a face voltada para a parede". A afirmação remete à quarta parede, convenção do teatro ilusionista, que garante a independência entre palco e plateia.[82]

A Voz pergunta e responde sobre o local da cena e sobre quando a situação começou, atentando às prescritivas dramáticas sobre tempo e lugar.

O local por onde May caminha é, segundo a Voz, "a casa velha, a mesma onde ela... onde ela começou... onde tudo começou". A decisão pela opção "onde ela começou" em substituição à frase não

---

[82] A ideia de a Voz revelar para o público que ele está em um teatro, assistindo a uma peça, onde certas convenções são empregadas, é defendida por Enoch Brater em sua obra *Beyond Minimalism*. BRATER, Enoch. *Beyond Minimalism: Beckett's Late Style in the Theater*. New York: Oxford University Press, 2013, p. 55.

dita, mas sugerida, "onde ela nasceu", indica uma preocupação mais dramatúrgica, do que biográfica.

May começou a andar de um lado para o outro, quando outras meninas jogavam "lacrosse". O local por onde ela caminha era antes, segundo a Voz, acarpetado, mas May solicita à mãe que retire o carpete. A ação, ou seja, andar, não era suficiente, os passos deveriam também ser ouvidos. Essa última informação é apresentada ao público em um diálogo entre May e mãe, duplamente interpretado pela Voz. A exigência de tirar o carpete para ouvir os passos faz lembrar a preocupação de um diretor teatral que tentasse repetir cenicamente e acuradamente, cinética e auditivamente, o revolver mental da personagem.

Mais outras perguntas são disparadas pela Voz e outras repostas vêm saciar a curiosidade dos espectadores. May dorme? Sim, algumas noites de frente para a parede. De modo que suas pausas de frente para o público podem significar seu sono. Ela fala? Sim, algumas noites quando se imagina sozinha. E na terceira parte, de fato, May falará sozinha, ganhará seu monólogo.

Conclui-se daí que ela se imagina sozinha? Duas hipóteses:

» May se imagina sozinha (ou é imaginada sozinha) simplesmente para respeitar a convenção teatral da quarta parede;
» ou ela se imagina sozinha porque, de fato, está sozinha, e a Voz acusmática é sua própria voz, a voz de um sujeito cindido. Nesse caso, tudo indica que May é mais uma praticante da efabulação como sucedâneo de companhia,[83] exercício detectado anteriormente nos personagens de *Fim de Partida*, *That Time* e *Companhia*.

Mas ainda falta uma pergunta: quando May fala, o que ela diz? "Conta como foi. (*Pausa*) Tenta contar como foi. (*Pausa*) Isso tudo. (*Pausa*) Isso tudo".

---

[83] Como disse Beckett: "Palavras são como alimento para esta pobre menina [...]. São suas melhores amigas". BECKETT, Samuel apud BRATER, Enoch. *Beyond Minimalism: Beckett's Late Style in the Theater*, op. cit., p. 54.

Portanto, em relação à primeira parte da peça, a segunda empreende variações dos quatro componentes permutáveis. Ecos e repetições se renovam. Reencena-se diálogo entre mãe e filha, dessa vez, dentro do monólogo da Voz e interpretado por ela. A presença de May é apenas cinética. E a Voz revela-se como ente independente, destacado da personagem mãe.

A terceira parte poderia ser chamada de evocação ao leitor ou segundo apelo à imaginação.

Se, na segunda parte, o espectador era chamado a partilhar da imaginação da Voz, nesse momento é o leitor (afinal a peça pode ser lida também) que é convocado a acompanhar a sequência de uma história ("Continuação" [*Sequel*], diz a primeira palavra da terceira parte), um romance enunciado e inventado por May ("como o leitor deve se lembrar...", ela diz).

O romance de May pode ser dividido em duas partes. Na primeira, narra a história de um fantasma de mulher que assombra uma Igreja; na segunda, interpretará o diálogo entre Amy e sua mãe, Mrs Winter, sobre o mesmo fantasma.

Assim, reforça-se o tema do fantasma, já abordado anteriormente, mas em novo arranjo. Segue a narração de May, transcrita sem as rubricas e comentada entre colchetes:

» "Continuação. Continuação" [note o emprego do eco. O termo indica que o público continua a assistir a mesma peça, ou o leitor continua a seguir a mesma história. Uma história, desde a primeira parte, iniciada *in media res*].
» "Um pouco mais tarde, quando tinha sido quase esquecida, ela começou a... Um pouco mais tarde, quando era como se ela nunca tivesse existido, isso nunca tivesse existido, ela começou a *andar*" [note como a personagem faz referência ao seu próprio andar em cena, e nas cenas anteriores. Note ainda a repetição de sentenças e a correção feita *in media res* — "começou a...." -, o que configura May como "imaginadora", criadora, inventora da história. Pode-se inferir que, ao ser esquecida, a personagem passa a assombrar como vestígio renitente de si mesma].

- » "Ao cair da noite" [mesma hora das aparições de Voz, como declarado na segunda parte].
- » "Esgueirou-se ao cair da noite [eco] para dentro da igreja pela porta norte, sempre fechada naquela hora [atravessar uma porta fechada é ação possível de um fantasma] e andou, de um lado pro outro, de um lado pro outro [eco], em seu pobre braço" [repetição variada de "sua pobre mente", na parte um. O braço se refere à arquitetura em formato de cruz das Igrejas].
- » "Algumas noites ela pararia como que congelada por algum estremecimento da mente [alusão às pausas no caminhar da personagem em cena], e se manteria completamente quieta até poder mover-se de novo".
- » "Mas muitas também foram as noites em que caminhava sem parar, de um lado pro outro, de um lado pro outro [eco], antes de esvanecer assim como aparecera" [esvanecimento é qualidade de um fantasma].
- » "Nenhum som. Pelo menos nenhum para ser ouvido" [pois deve-se respeitar a ilusão dramática imposta pela quarta parede].
- » "A aparência. A aparência [eco]. Desmaiada, mas não invisível, numa certa luz [característica de fantasma]. Dada a luz certa [correção *in media res*, indício autoral]. Cinza mais do que branca, sombra pálida de cinza. Andrajosa. Um emaranhado de andrajos" [note que o fantasma tem a mesma aparência de May, como é descrita na rubrica inicial da peça].
- » "Vejam isso passar [o fantasma andrajoso]... vejam ela passar diante do candelabro [correção *in media res*, que identifica o fantasma à personagem andrajosa em cena. Repetição de estrutura empregada pela Voz na segunda parte, "vejam como ela gira habilmente"], como suas chamas, a luz... do mesmo modo que a lua por trás das nuvens".

A narração, a partir daqui, introduz duas personagens novas, mas que espelham May e sua mãe, a saber, Amy e Mrs Winter.

A relação de duplicação entre a narradora e a nova personagem é reforçada ao detectar-se que Amy é anagrama de May, e que a descrição de Amy ajusta-se à figura divisada no palco. Como narra May, a filha de Mrs Winter era "uma garota muito estranha, apesar de dificilmente ser ainda uma garota".[84]

A relação especular entre Mrs Winter e a mãe pode ser detectada na idade avançada das duas: uma com 90 anos; outra com um nome que sugere a última estação da vida.

Repetindo a fórmula da primeira parte da peça, Amy e Mrs Winter dialogam, e, repetindo o estilo da segunda parte da peça, o diálogo é interpretado pela voz da narradora.

O diálogo pode ser resumido a uma pergunta, a uma resposta e a um comentário. Mrs Winter pergunta se a filha não notou nada estranho na missa aquele dia — fazendo migrar para o diálogo a história da assombração, narrada anteriormente. Amy responde que não notou nada estranho na missa, porque "não estava lá". Mrs Winter se admira, pois, como comenta, ouviu a filha orando e dizendo amém. A misteriosa colocação de Amy "eu não estava lá", no entanto, mimetiza a cena: lembre-se que também a Voz é uma ausência audível.

A terceira parte encerra com o diálogo entre Amy e Mrs Winter, o qual repete *ipsis litteris* a estrutura do diálogo com que May e mãe encerram a primeira parte:

> Amy. (*Pausa. Mesmo Tom*) Amy. (*Pausa*) Sim, mãe. (*Pausa*). Você nunca vai parar com isso? (*Pausa*) Você nunca vai parar... de revolver isso tudo? (Pausa) Isso? (*Pausa*) Isso tudo. (*Pausa*) Em sua pobre mente. (*Pausa*). Isso tudo. (*Pausa*) Isso tudo.

Por essa passagem, fica definitivamente estabelecida a identidade entre Amy e May, uma vez que a característica mais forte de May —

---

[84] Essa característica de May, sua idade indeterminada – menina, mas ao mesmo tempo envelhecida –, tem sua gênese em um caso clínico sobre o qual Beckett ouviu em uma palestra de Carl Gustav Jung em 1935. O psicólogo, no meio de seu relato, tem um insight sobre a causa da patologia de uma paciente: a moça existia, mas nunca havia de fato nascido. Beckett recriaria em Passos uma história que já havia citado literalmente na voz da personagem Maddy Rooney em All that Fall. BRATER, Enoch. *Beyond Minimalism: Beckett's Late Style in the Theater*, op. cit., pp. 64-65.

o revolver isso tudo -, e que constitui a própria estrutura da peça,[85] transmigra para Amy.

Tomando a faixa de luz no chão como componente constante da peça, a terceira parte varia assim seus outros ingredientes: novos ecos e repetições; diálogo entre mãe e filha, dessa vez chamadas de Amy e Mrs Winter; May em cena como narradora, inventora de uma história, que a plateia acompanha, ao que parece, à medida que é criada; e o silêncio da Voz, que não significa ausência, uma vez que ausência, como cada parte da peça demonstra, é aqui uma forma de presença.

A quarta e última parte de *Passos* concretiza a ausência-presença integralmente. Vê-se a trilha de luz vazia, ouve-se o silêncio. Por infinitos 10 segundos.

O diálogo, que é a forma de apresentação da primeira parte, tomado a contrapelo, mostra-se como vestígio da memória, ou da imaginação, de uma personagem sozinha, que, como tantos irmãos em Beckett, rememoram ou efabulam para ter companhia.

Mas, nesse caso, algo mudou. Nas obras precedentes, havia reiterada menção a um crânio, dentro do qual ocorria o exercício de imaginação compartilhado com o público, com o leitor. Em *Passos*, porém, falta o marco do crânio, de modo que falas e imagens parecem ondas de rádio captadas quando sua emissão já se apagou; luz testemunhada de uma estrela que já não existe.

"Um pouco mais tarde — reporta May — quando tinha sido quase esquecida, ela começou a... Um pouco mais tarde, quando era como se nunca tivesse existido, como se isso nunca tivesse existido, ela começou a *andar*". Quando a personagem passa a assombrar a Igreja, estava mais do que esquecida, vigorando enquanto ausência.

É como ausência que se testemunha a memória dramatizada da primeira parte, paradoxalmente, a memória e a imaginação desencorporadas de alguém que não estava lá e não está aqui.

---

[85] "[...] Beckett insiste que a imagem de uma mulher caminhando sem sossego de um lado para o outro é central para a peça. 'Essa era [minha] concepção básica [...]', Beckett comentou, 'o texto, as palavras são apenas construídos ao redor desta figura'. 'Se a peça é repleta de repetições, é por conta destas caminhadas sem fim. Este é o centro da peça, tudo o mais é secundário'". KNOWLSON, J. e PILLING, J. *Frescoes of The Skull*, op. cit., pp. 220-221.

Supondo a existência de uma escala de imaterialidade, as personagens Amy, Mrs Winter e aquela que assombra a Igreja seriam as mais intangíveis, enquanto imaginação de May; a elas seguiria a mãe, da primeira parte, que pode ser entendida como memória de May; mas May também comparece ficcionalizada, pois, na segunda parte, é uma espécie de personagem da Voz, a qual, por sua vez, é o duplo cindido de May.

Contudo, o ciclo não se fecha sem que o público/leitor adentre a ciranda, pois foi convocado diretamente pela Voz e por May nas segunda e terceira partes. Foi incluído desavisadamente num jogo de sombras e silêncio, para que, ao final, possa admirar, no espelho que se tornou o palco, seu imaterial destino comum.

3.2. *Improviso de Ohio*

Em *Improviso de Ohio*, como foi dito ao final do capítulo anterior, detecta-se a *mise en abyme*. Cabe agora entender sua qualidade.

O palco — à guisa de recordação — mostra dois homens idênticos e identicamente vestidos sentados à mesa, sobre a qual há um único chapéu e um livro antigo. O homem à cabeceira, nomeado Leitor, lê para o outro, nomeado Ouvinte, as últimas páginas do livro.

O relato tem dois registros: relato de fatos não mostrados em cena e relato da situação cênica.

No primeiro caso, a narrativa acompanha um certo "ele", que perde um ente querido, muda-se para a margem oposta do rio [Sena], onde tenta, sem sucesso, superar o vazio. O ente querido, por sua vez, busca (do além) consolá-lo, enviando um Leitor, como maneira de mitigar seu sofrimento em suas noites de insônia.

No segundo registro da narrativa, e que coincide com o que se vê na cena, conta-se de alguém que lê para um outro uma "triste história" escrita em um livro antigo, e o faz por muitas noites. Até o dia — depois da última frase proferida -, no qual leitor e ouvinte tornam-se como um só, e ficam ali, encarando-se, enterrados nas profundezas da mente ou abismos de consciência.

O que a plateia contempla na cena é, portanto, a reprodução do final da história do livro: um homem que lê para o outro e, em seguida (quando o livro termina), um homem olhando para o outro. Enoch Brater observa que "a história narrada começa no passado e termina em um futuro que adianta a conclusão da peça".[86]

Se a *mise en abyme* é definida por constituir um espelho interno da obra, espelho que em *Os moedeiros falsos* era associado ao diário de Édouard, em *Improviso de Ohio*, curiosamente, o espelho não é o livro, mas a cena. O que se vê em cena é uma imagem selecionada ou refletida do livro.

A duplicação em *Improviso de Ohio* é, portanto, do tipo paradoxal: a cena está contida no livro que está contido na cena. A triste imagem que a plateia contempla — dois homens velhos, um lendo e outro ouvindo o final de um livro antigo — pertence à triste história narrada, que é, por sua vez, parte da peça.

Contudo, a duplicação também é infinita, pois o livro do Leitor narra uma história em que o Leitor chega com um livro, o qual narrará uma história que contará de um Leitor que possui um livro e assim *ad infinitum*.

Vale lembrar que na cena e na narrativa, leitor e ouvinte são *Doppelgänger*. A fábula contada, que o palco imita, registra o caso de um personagem que, no extremo da solidão, duplica-se para ter companhia.

Lembre-se ainda que, no registro metalinguístico, a duplicação tem visada epistemológica, instrumentalizando Beckett a investigar o funcionamento do conhecimento, do estudo, da efabulação.

Improviso de Ohio, portanto, fornece um novo ângulo para se entender a relação entre duplicação e busca por companhia. Essa relação, analisada anteriormente nos textos *That Time*, *Companhia* e *Passos*, caracteriza-se pela separação entre voz e personagem, pela objetificação do sujeito imaginador ou pensante, e pela volta final do sujeito a si mesmo, o que não implica na unidade do eu, mas na constatação da própria solidão.

---

[86] BRATER, Enoch. *Beyond Minimalism: Beckett's Late Style in the Theater*, op. cit., p. 128.

Os dois homens que se encaram fixamente como que transformados em pedra, ao final de *Improviso de Ohio*, dois homens enterrados em pensamentos, presos nas profundezas da mente, refletindo-se um no outro, são, ao fim e ao cabo, dois homens como um só, reproduzindo a tendência beckettiana, detectada nas outras obras, da multiplicação de si, bem como do aprisionamento no crânio.

É possível, por meio de um estudo comparativo, refinar a especificidade do tema da solidão em Beckett. No próximo capítulo, a análise conjugada de *Improviso de Ohio* e do romance *Mestres antigos*, do austríaco Thomas Bernhard, buscará entender duas respostas artísticas ao tema da perda de um ente querido.

[CAPÍTULO 3]

AUTOR:
THOMAS BERNHARD E SAMUEL BECKETT

1. A TENDÊNCIA AUTOBIOGRÁFICA

Autores com características estilísticas e temáticas tão diversificadas como são J. M. Coetzee, W. G. Sebald, Thomas Bernhard e Philip Roth compartilham, no entanto, a prática de terem se duplicado em várias de suas obras, emprestando ao narrador (geralmente protagonista) atributos biográficos. Em *Diário de um ano ruim* (2007), *Austerlitz* (2001), *O sobrinho de Wittgenstein* (1982, e toda a saga de Zuckermann (duplo rothiano por nove títulos), os autores não declaram intenção autobiográfica, mas se dedicam a um modo romanesco que problematiza a representação mimética por meio de uma espécie de investigação da confiabilidade do narrador ou, ainda, por meio de uma investigação da produção textual e seus artifícios.

Por exemplo, em *Diário de um ano ruim*, o protagonista, assim como Coetzee, é escritor, de origem sul-africana e residente na Austrália, atendendo pela sugestiva alcunha de Señor C. ou J. C.[1] O romance vem redigido em três faixas horizontais, correspondentes a:
» ensaios sobre temas contemporâneos escritos pelo Señor C. a pedido de um editor alemão;

---

[1] Para uma investigação mais extensiva dos aspectos biográficos e intertextuais desse romance, cf. MOCHIUTE, Talita Cruz. *A ficção australiana de J. M. Coetzee: o romance autorreflexivo contemporâneo*. Mestrado em Teoria Literária e Literatura Comparada, Universidade de São Paulo, São Paulo, 2015.

» espécie de diário do Señor C., no qual dá testemunho de sua relação (eroticamente platônica) com aquela que digita seu trabalho, Anya;
» e a narração de Anya, duplo dos leitores, mas também instrumento perspectivista, uma vez que sua opinião fornece a crítica leiga dos ensaios e uma outra visão da relação com o escritor.

Assim, as opiniões de Anya, inicialmente descartadas, passam a afetar o escritor, o que será notado na redação dos ensaios. Nessa obra, como explica Talita Mochiute, "o debate [talvez ocorra menos] em torno da literatura como representação, [do que] da possibilidade da literatura como debate de ideias".[2]

Em outro exemplo, *Austerlitz*, o narrador fornece pouquíssimas pistas de sua biografia. Sabe-se apenas que, assim como Sebald, saiu da Alemanha e viveu na Inglaterra. Compartilha, porém, com os outros narradores de outras obras do autor alemão, a errância. Apesar de narrador, não é o protagonista, e seu relato dá testemunho do discurso biográfico do personagem Austerlitz, com o qual priva, por um período de mais de trinta anos, incluídos longos intervalos. Se o narrador é o duplo de Sebald, Austerlitz será o duplo do narrador em duas frentes:
» o discurso de Austerlitz lançará mão de discursos de terceiros, recolhidos numa espécie de viagem em busca de si mesmo, resgate da própria história interrompida durante a segunda Guerra Mundial. Assim, o romance se arquiteta sob a fórmula de narrativas intercaladas: "Há mais de um ano, disse-me Gerald, disse Austerlitz [...]".[3]
» o discurso de Austerlitz será também o complemento biográfico do narrador, e de Sebald, e dos leitores. Como muitas crianças judias por ocasião da guerra, Austerlitz foi separado da família e criado na Inglaterra. A fratura do personagem, vivenciada intimamente, com consequências que se desdobram em seu futuro

---
[2] Idem, p. 116.
[3] SEBALD, W. G. *Austerlitz*, José Marcos Macedo (trad.). São Paulo: Companhia das Letras, 2008, p. 80.

e seu modo de ser, é também a fratura histórica, experienciada pelo Ocidente e que nos inclui.

Luciano Gatti, no ensaio "Os duplos de Sebald", explica que

> seria um equívoco identificar no recurso aos duplos uma brincadeira pós-moderna com identidades esfumaçadas. Ao contrário, além de revelar-se fértil em inovações formais, esse recurso tem se mostrado eficaz em problematizar os choques da vivência íntima do autor com a experiência coletiva.[4]

Esse recurso é o que autoriza o narrador a contar uma história, que se enraíza no passado e se espraia no presente. Como explica Gatti, a duplicação praticada por Sebald será "o gesto de cumplicidade com a experiência alheia".[5]

A tendência autobiográfica[6] no romance contemporâneo se explicaria, segundo hipótese de Adriano Schwartz, primeiro, pela necessidade "de retornar à cena em que tudo implodiu",[7] ou seja, à Segunda Guerra Mundial, o que, de fato, os autores citados fazem. Em segundo lugar, esta seria a tentativa de superar o impasse a que Samuel Beckett, com *Molloy*, *Malone morre* e *O inominável* — a chamada trilogia do pós-guerra — levara essa arte. Beckett, segundo Schwarz, teria "dinamitado" as "convenções do romance". Postos em xeque personagem, enredo, mimeses, instância narrativa, motivação, o "retorno" ao romance dar-se-ia "por um olhar ficcionalizado para a própria história pessoal, para a constituição contraditória e incerta desse único sujeito que talvez se possa conhecer e desconhecer minimamente, o pequeno eu".[8]

Se a radicalidade de Beckett precipitou essa inclinação para a mistura entre ficção e autobiografia, de modo a reinventar uma forma colocada sob suspeita (após a crise política, moral, social, fi-

---

[4] GATTI, Luciano. "Os duplos de Sebald", in Revista *Serrote*, n. 10, março, 2012, p. 12.
[5] Idem, p. 18.
[6] Desdobramentos dessa tendência são os romances classificados como autoficção. O termo foi definido pelo escritor Serge Doubrovsky no seu romance *Fils* de 1977, que exigia do novo espécime literário a estrita realidade dos fatos. Nota-se, no entanto, uma evolução teórica do gênero, cujo estudo mais destacado foi recentemente organizado por Ana Casas. CASAS JANICE, Ana (org.). *La autoficción. Reflexiones teóricas*. Madrid: Arco Libros, 2012.
[7] SCHWARTZ, Adriano. "A tendência autobiográfica do romance contemporâneo: Coetzee, Roth e Piglia", in *Novos Estudos*, n. 95, março, 2013, p. 86.
[8] Idem, ibidem.

losófica, estética, institucional etc. deflagrada pela grande guerra), pode-se perguntar se sua obra seguiu o mesmo trajeto.

Já em 1932, com *Dream of Fair to Middling Women*, Beckett explorou em viés ficcional seus relacionamentos amorosos (ou quase) com Peggy Sinclair, Lucia Joyce e Ethna MacCarthy (as personagens Smeraldina, Syra-Cusa e Alba, respectivamente); forneceu nomes fictícios a pessoas reconhecivelmente de seu convívio (Jean Beaufret, Alfred Péron, Frank Beckett); e projetou-se no reticente Belacqua. A voz narrativa, na parte III do romance *Watt* (1953), por sua vez, é identificada como pertencente a um certo Sam. Encontram-se vestígios biográficos em obras estudadas aqui, como *A última gravação de Krapp* e *Companhia*. Lembre-se que, em *Companhia*, a Voz, em segunda pessoa, emite fragmentos narrativos, espécie de memórias desgarradas de um corpo, que o personagem deitado no escuro deveria assumir como suas. Os fragmentos são biográficos e muitos deles recorrentes na obra do autor. Nem por isso, contudo, pode-se inferir uma tendência autobiográfica da obra. Como nota Ackerley e Gontarski, essas imagens "dizem pouco sobre sua função ficcional": "[...] são [mais] "fingimentos", "traços", "fábulas", ou "sombras", misturando memória e desejo com imaginação".[9]

Indiscutível, no entanto, é a importância do conceito de "narrador-narrado" (*narrator/narrated*), qualidade distintiva dos personagens beckettianos. Richard Begam esclarece sobre a origem do termo:

> Se Molloy e Moran moram cada um à margem do outro, se cada um está narrando o outro, então onde fixamos o termo antecedente? Quem é o narrador e quem é o narrado? Beckett uma vez fez notar em uma carta que com *Molloy* ele esperava ter desenvolvido um tipo novo de personagem, que chamou de "narrador/narrado". [...] *A* formulação de Beckett expressa [...] [simplesmente que] ele está descrevendo o modo de um narrador contar sua própria história. No entanto, esta formulação sugere não apenas que o narrador narra a ele mesmo, mas também que ele é narrado

---

[9] GONTARSKI, S. E. e ACKERLEY, C. J. *The Grove Companion to Samuel Beckett – A reader's guide to his works, life, and thought.* New York: Grove, 2004, p. 106.

por um outro, que, sem ter sua própria história, torna-se propriedade narrativa de uma terceira pessoa não identificada.[10]

Narradores-narrados podem ser personagens romanescos ou teatrais (afinal, a ação forte nas peças de Beckett deslocou-se para as narrativas nelas encrustadas): Molloy, Moran, Malone, mas também, Hamm, Krapp, Boca. Beckett, autor, duplica-se em seus personagens narradores *quod* narrador. A função literária, romanesca ou dramática, ultrapassa, nesse caso, a biográfica. Isso quer dizer que, tomando *Companhia* como exemplo extremo, verifica-se que, nos textos de Beckett, a fábula é mínima, os fragmentos biográficos não se organizam para a composição de um sujeito ou de uma história, antes são matéria para outro propósito: explicitar a mecânica imaginativa. Em Coetzee há fábula, em Roth e Sebald também. Em Bernhard há, ainda que mínima. Mas em Beckett não, ou, quando há, esta comparece subordinada a uma espécie de fenomenologia da linguagem ou da imaginação.

E, no entanto, o propósito deste capítulo será a justaposição de um romance de Bernhard, *Mestres antigos*, a uma peça teatral de Beckett, *Improviso de Ohio*. Pode-se objetar a empresa, alegando a diferença entre os gêneros e a visada singular de cada obra, uma vez que *Mestres antigos* é, ao mesmo tempo, elogio e vitupério da Arte, enquanto *Improviso de Ohio* não explora explicitamente um tema, encenando simplesmente a incontornável falta de um outro ser.

Responde-se a isso, primeiramente, lembrando que *Improviso de Ohio* é estruturada pela narrativa, e representa a fase híbrida da obra de Beckett, que recusa classificações estanques. Por outro lado, o teatro e a prosa de Bernhard têm muitas semelhanças.[11] Como o próprio autor disse à revista *Spiegel*, há pouca diferença entre as peças visando ao palco e os trabalhos narrativos: "Basicamente é sempre a mesma prosa e da mesma maneira que escrevo

---

[10] BEGAM, Richard. *Samuel Beckett and the End of Modernity*. Stanford: Stanford University Press, 1996, p. 99.
[11] A flexibilidade dramática do romance de Bernhard é atestada também pela frequência com que sua obra em prosa vem sendo adaptada para o palco, não apenas no circuito europeu, mas também no Brasil.

para o palco".[12] A ação nula, mas padronizada, o enredo reduzido, os mesmos tipos, a dramatização do pensamento nivelam teatro e prosa, «*iluminam* o efeito teatral da linguagem em contraste com a linguagem como mero veículo de informação".[13]

Pode-se justificar, em segundo lugar, o diálogo entre os dois trabalhos, quando o elogio e a afronta das Artes são balizados pela morte de um ser querido, no caso de Bernhard; quando a falta do outro evoca uma série de lembranças "artísticas", no caso de Beckett.

Justifica-se, sobretudo, a empresa, porque ambos os textos lançam mão da duplicação em sua forma narrador-narrado, mas também de outros tipos de espelhamento, como a *mise-en-abyme* e o espelhamento simples, que na obra de Bernhard tem o palíndromo como modelo.

2. MESTRES ANTIGOS

Mestres antigos é o último romance de Bernhard, escrito quatro anos antes de sua morte em 1989.[14] Compõe juntamente com Árvores abatidas (1984) e a peça *O fazedor de teatro* (1985), a chamada trilogia do escândalo, referente ao ataque executado nesses textos contra a sociedade austríaca, sobretudo a vienense, e ao passado nacional socialista de seu país.[15]

Um fato biográfico importante preside não apenas a gênese da obra, mas o seu tom. A morte da amiga Hedwig Stavianicek. Trinta e sete anos mais velha do que Bernhard, essa amiga, falecida em 1984, um ano antes da redação de *Mestres antigos*, foi, depois do

---

[12] KAUFMANN, Sylvia. *Thomas Bernhard's* Auslöscheng. Ein Zerfall and Alter Meister. Komödie. Stuttgart: Hans-Dieter Heinz, Akademischer Verlag Stuttgart, 1998, p. 97.
[13] Idem, ibidem.
[14] Apesar de *Extinção* ter sido o último romance a ser publicado, em 1986, sabe-se que este foi escrito entre 1981 e 1982. HENS, Gregor. *Thomas Bernhards Trilogie der Künste* – Der Untergeher, Holsfällen, Alter Meister. Rochester: Camden House, 1999, , p. 131. Veja também KONZETT, Matthias (ed.). *A Companion to the Works of Thomas Bernhard*. Rochester: Camden House, 2010, p. 111.
[15] KAUFMANN, Sylvia. *Thomas Bernhard's* Auslöscheng. Ein Zerfall *and* Alter Meister. Komödie, op. cit., p. 98.

avô materno, a figura mais importante na vida do escritor.[16] Como o narrador/Bernhard confessa em *O sobrinho de Wittgenstein*:

> [...] *a pessoa da minha vida*, a pessoa determinante para mim em Viena depois da morte do meu avô, a minha grande amiga, à qual devo não apenas muitíssimo, mas, francamente, desde o momento em que ela, há mais de trinta anos, surgiu a meu lado, mais ou menos tudo. Sem ela já nem sequer estaria vivo e de qualquer modo nunca teria chegado a ser o que sou hoje, tão doido e tão infeliz, mas também feliz, como sempre. Aqueles que me conhecem sabem tudo o que se oculta por detrás desta expressão *pessoa da minha vida*, da qual recebi, durante mais de trinta anos a minha força e em tantas ocasiões a minha sobrevivência, dela e de mais ninguém, esta é que é a verdade. Esta mulher inteligente, para mim exemplar em todos os aspectos, que nunca me abandonou nem um só momento que fosse de importância crucial e com a qual, nos últimos trinta anos, aprendi quase tudo ou pelo menos aprendi a compreender e com a qual ainda hoje aprendo o que é fundamental e, pelo menos, aprendo sempre a entender [...].[17]

O protagonista de *Mestres antigos* é o crítico musical e octagenário Reger, que perdeu a esposa e se recupera de uma depressão de seis meses. E, no entanto, o subtítulo dessa obra que orbita o vazio deixado pelo ser amado é "Comédia". Afeito aos subtítulos — *O Sobrinho de Wittgenstein, uma amizade*; *Extinção, uma Derrocada*; *Árvores abatidas, uma irritação* -, Bernhard designa assim seu último romance: *Mestres antigos, comédia*.

Entender o porquê do subtítulo exige a investigação dos estratos temáticos e formal do texto, exige uma espécie de reorganização da obra, que se propõe iniciar com uma investigação sobre as ideias postas em movimento no texto ou sabedoria cômica, destilada da tragédia pessoal, e encerrar com a análise da estrutura narrativa e "cenográfica", chamada de palindrômica.

Reger, como foi dito, é um crítico octagenário, mas em atividade, que, residindo em Viena, reporta dessa cidade seu comentário sobre música para o jornal londrino *The Times*. Pouco conhecido — ou

---

[16] Idem, p. 100. Ver ainda HENS, Gregor. *Thomas Bernhards Trilogie der Künste* – Der Untergeher, Holsfällen, Alter Meister, op. cit., p. 135.
[17] BERNHARD, Thomas. *O sobrinho de Wittgenstein, uma amizade*, José Palma Caetano (trad.). Lisboa: Assírio & Alvim, 2000, p. 32.

Figura 1
O homem de barba branca, 1545, óleo sobre tela
Tintoretto
Kunsthistorisches Museum, Viena, Áustria

talvez invejado e odiado — por seus compatriotas, é, no entanto, famoso fora do seu país. Mantém por mais de trinta anos o hábito de, exceto às segundas-feiras, passar as manhãs, um dia sim outro não, no Kunsthistorisches Museum (Museu de História da Arte), especificamente no salão Bordone, onde se senta em um banco forrado de veludo, de frente para a pintura quinhentista "O homem de barba branca", de Tintoretto [Fig. 1], para ter ideias para seus artigos.

O hábito, interrompido pelos seis meses de depressão após a morte da esposa, é retomado, e sofre uma pequena variação no dia em que o romance se passa. Sem dizer o motivo, Reger pede que seu discípulo e ouvinte Atzbacher (também narrador do romance) encontre-o novamente no museu, no dia seguinte a seu encontro, interrompendo, pela primeira vez, o ritual de pular um dia entre cada visita. O motivo dessa quebra de rotina serve de tensão dramática, deixando Atzbacher e o leitor em suspense até o final. As idas e vindas de Irrsigler, vigia do museu, para segregar ao ouvido de Reger, aumenta a curiosidade sobre o por quê da mudança do hábito e do convite.

Irrsigler, deve-se dizer, é o responsável pela manutenção desse hábito de Reger, assegurando há mais de trinta anos que o banco em frente ao "O homem de barba branca" esteja disponível para ele. Irrsigler, um simplório, é estimado, pelo genial Reger, como alguém mais próximo do que um parente. Com ele conversa e fala sobre arte, de modo que Irrsigler entende mais dos mestres antigos do que os guias da casa. Ainda que seu conhecimento seja de segunda mão, ouvir Irrsigler é um prazer para Reger, que o considera também seu porta-voz (*Sprachrohr*). Assim narra Atzbacher, narrando Irrsigler:

> Por *décadas os guias de museu têm proclamado sempre a mesma coisa, sempre um apanhado de disparates, como o senhor Reger diz*, Irrsigler diz para mim. *Os historiadores da arte nada mais fazem do que inundar os visitantes com seu blablablá*, diz Irrsigler, que, com os anos, se apropriou palavra por palavra, senão de todas, pelos menos de muitas das sentenças de Reger. Irrsigler é o porta-voz de Reger, quase tudo o que Irrsigler diz foi dito por Reger, por mais de trinta anos Irrsigler vem dizendo o que Reger disse.[18]

Para Reger, ter um porta-voz é um objetivo de vida. Após décadas de conversas com Irrsigler, um simples vigia, este é capaz de explicar o modo como se deve contemplar uma obra de arte. Reger entende ter transformado Irrsigler em um ser humano melhor. E, no entanto, confessa estar à procura de um novo porta-voz. Sempre à procura de um novo porta-voz.

Mesmo sem nomeá-lo como tal, também Atzbacher é porta-voz de Reger. Atzbacher – que é filósofo, e autor de uma única obra, em progresso, e nunca pronta para publicação, – é, sem o saber, ou, pelo menos, sem o declarar, porta-voz de Reger também. Repete palavra por palavra, sentença por sentença, do velho gênio, e não apenas como narrador, transcrevendo a fala do outro em seu relato, mas repete-o quando toma a palavra, quando emite suas opiniões,

---

[18] BERNHARD, Thomas. *Alte Meister, Komödie*. Frankfurt am Main: Suhrkamp, 1988, p. 12. As seguintes traduções dessa obra também foram consultadas: BERNHARD, Thomas. *Maestros antiguos*, Miguel Saez (trad.). Madrid: Alianza Editorial, 2003; e BERNHARD, Thomas. *Old Masters, A Comedy*, Ewald Osers (trad.). Penguin Books, 2010.

deixando claro que está contaminado pela retórica e pelas ideias do outro. É possível inferir que Reger manipule Atzbacher:[19] "Não tenho nenhuma outra pessoa mais útil (*nützlicheren*) do que você, disse [Reger]".[20]

A falecida esposa de Reger também era sua porta-voz, ainda que, como no caso de Atzbacher, ele nunca a nomeie desse modo. Contudo, sabe-la porta-voz explicaria o lamento narcísico de Reger sobre ela, feito a Atzbacher:

> O que me deprime mais é o fato de que uma pessoa assim tão receptiva, como foi minha esposa, tenha morrido com todo o vasto conhecimento que eu passei para ela, que ela tenha levado todo esse vasto conhecimento para a morte com ela, essa é a pior monstruosidade, uma monstruosidade bem pior do que o fato de que ela esteja morta, ele diz.[21]

A arte e a morte são os temas fortes de *Mestres antigos*. Reger é personagem construído em relação à arte e à realidade da morte. Por meio da obra, o pintor ou o compositor, ou o escritor, teriam sobrevida. O octagenário Reger considera seus artigos para o *The Times* como obras de arte, e se nomeia um crítico artista.[22] Publicador inveterado, Reger é o oposto de Atzbacher, que escreve sem nunca publicar, como diz:

> [...] estou sempre consumido pela curiosidade, incessantemente, [...]. Quero saber o que as pessoas estão dizendo sobre o que eu escrevo, [...], quero saber o tempo todo sobre todos, mesmo que eu continue a dizer que não estou interessado no que as pessoas estejam dizendo [...].[23]

A relação entre arte e morte, sempre desigual, é uma das chaves para se entender o caráter cômico de *Mestres antigos*. A busca por

---

[19] Ideia defendida por Gregor Hens. HENS, Gregor. *Thomas Bernhards Trilogie der Künste* – Der Untergeher, Holsfällen, *Alter Meister*, op. cit., pp. 139-140.
[20] BERNHARD, Thomas. *Alte Meister, Komödie*, op. cit., p. 189.
[21] Idem, p. 29.
[22] "*Ich bin ein kritischer Künstler*". Idem, p. 107. Kaufmann, que estuda a pregnância do Romantismo na obra de Bernhard, relaciona as críticas artísticas de Reger com o gênero criado por Friedrich Schlegel, arte crítica, e com a imagem do crítico criativo, que ao escrever sobre música, ou pintura, ou literatura, estaria criando uma nova obra de arte. KAUFMANN, Sylvia. *Thomas Bernhard's* Auslöscheng. Ein Zerfall *and* Alter Meister. Komödie, op. cit., p. 108.
[23] BERNHARD, Thomas. *Alte Meister, Komödie*, op. cit., p. 177.

porta-vozes, por leitores e ouvintes, receptáculos e divulgadores de ideias, seria potencialmente inútil. A comédia residiria na desproporção entre o empenho e a potencial inutilidade dele, diante da sempre iminente aniquilação de seus porta-vozes.

É cômico também, pois fadado ao fracasso, todo esforço artístico em imitar a natureza: "Até mesmo a mais extraordinária obra de arte é simplesmente um esforço lamentável, totalmente sem sentido e inútil em imitar a natureza, em remedá-la",[24] diz Reger. Assim, deve-se compreender a sua opinião de que todo original é forjado e ridículo,[25] pois sempre será um esforço inútil e fracassado de mimese.

A questão da autenticidade e do falso — que pode ser rastreada inclusive na escala do discurso, de quem é a voz que fala na obra? -, questão central do romance, é miniaturizada, e apresentada como *mise en abyme* exatamente no meio da história. Nesse momento, conta-se de um inglês que um dia aparece sentado no banco de Reger, de frente para "O homem de barba branca", e por horas. Como, após alguma negociação, concordam em dividir o banco, acabam conversando e Reger se inteira de que o inglês tem em sua casa, no País de Gales, um Tintoretto, um "O homem de barba branca", não parecido, mas idêntico ao do museu. O inglês, que mantém a fleuma durante muito tempo, empalidece ao ter de admitir que um dos dois quadros deva ser falso. Diante da óbvia constatação, porém, Reger não se altera, nem mesmo quando o inglês pondera que o seu é o quadro autêntico, por conta da documentação que o acompanhou quando o herdou. Afinal, a dimensão cômica da questão já está assimilada por Reger em seu método de olhar a arte.

O modo de contemplar a arte, porém, foi algo conquistado. Reger precisou de uma estratégia, que o preservasse da aniquilação como artista (ou artista crítico), que o protegesse enquanto crítico criativo do peso da tradição. Diante da paralisante ideia de obras

---

[24] Idem, p. 63.
[25] Idem, p. 118.

perfeitas, íntegras e absolutas, Reger perseguiu e persegue um modo de fragmentá-las:

> Nosso maior prazer, certamente, está nos fragmentos, assim como derivamos o maior prazer da vida se a observamos como fragmento, enquanto o integral e o completo e o perfeito são para nós basicamente repugnantes. [...] É por isso que, obrigatoriamente, todas estas pinturas aqui no Kunsthistorisches Museum são intoleráveis, se devo ser honesto, elas são repugnantes para mim. Para conseguir suportá-las eu procuro por um dito erro grave [*gravierenden Fehler*] em e sobre cada uma delas, um procedimento que até agora tem alcançado seu objetivo que é tornar as chamadas obras de arte perfeitas em fragmentos, ele disse. A perfeição não apenas nos ameaça incessantemente com nossa ruína, mas também arruína tudo o que está pendurado nestas paredes sob o título de *obras primas*.[26]

Ele, assim, busca meticulosamente em toda a obra, mas também em todo personagem artístico, um erro fatal, que possa tornar a obra ou o personagem uma caricatura.[27] Todos os grandes pintores e compositores, e pensadores, e suas obras, podem ser fragmentados, têm um erro detectável, e só por isso podem ser suportados: "Afinal de contas, não amamos Pascal porque ele é perfeito, mas porque ele é fundamentalmente indefeso [*hilflos*] [...]. Nós amamos de verdade aqueles livros que não são um todo, que são caóticos, que são indefesos".[28]

É cômico o fato de Reger precisar empenhar-se de algum modo contra a tradição para criar a própria obra, e a obra, que é seu meio de sobrevida, depender de porta-vozes que a possam perpetuar, porta-vozes, no entanto, potencialmente aniquiláveis.

É cômica ainda a construção antitética do romance. Todas as opiniões fortes de Reger reportadas são contrabalançadas por suas opiniões contrárias. Por exemplo, sobre a arte e os mestres antigos:

---

[26] Idem, pp. 41-42.
[27] Idem, p. 117. A necessária revolta diante da tradição, para poder conquistar um lugar e um caminho criativo nas artes, espelha-se, segundo Kaufmann, em um fato biográfico registrado sobre Reger: é só após a morte dos pais, que se autoriza a ser a pessoa que ele se tornaria. KAUFMANN, Sylvia. *Thomas Bernhard's* Auslöscheng. Ein Zerfall *and* Alter Meister. Komödie, op. cit., p. 118.
[28] BERNHARD, Thomas. *Alte Meister, Komödie*, op. cit., p. 43.

> "A arte é ao mesmo tempo a coisa mais sublime e mais revoltante, ele disse. Mas precisamos acreditar que há uma arte elevada e uma arte elevadíssima, ele disse, caso contrário nos desesperaríamos. Mesmo que saibamos que toda a arte termine em inépcia e farsa e na recusa da história, como tudo mais, temos, com franca autoconfiança, que acreditar na arte elevada e na arte elevadíssima, ele disse".[29]

> "[...] tenho de ir aos mestres antigos para continuar a existir, justamente aos assim chamados mestres antigos, que por décadas têm sido repugnantes para mim, porque praticamente nada me é mais repugnante do que estes assim chamados mestres antigos aqui no Kunsthistorisches Museum e os mestres antigos em geral, todos os antigos mestres, não importa quais sejam seus nomes, não importa o que pintaram, Reger disse, e, no entanto, são eles que me mantêm vivo".[30]

São paradoxais as falas sobre sua esposa. Ela morre, apesar de ter sempre ostentado uma saúde perfeita, ao contrário dele, sempre padecendo uma "existência na doença, na doença mortal", com sequelas da tuberculose. É contraditório, gerador de culpa e pesadelos, o fato de que a morte da mulher, que leva Reger à depressão profunda, gerando o ensejo de também morrer, seja superada, após seis meses, e o apego à vida regenerado:

> "Nesses pesadelos eu sonho com minha esposa, é terrível. Tenho tido esses pesadelos desde sua morte, incessantemente, todas as noites. Acredite, sempre penso que teria sido melhor, se, depois da morte de minha mulher, eu tivesse dado um fim a tudo. Não posso me perdoar por essa covardia".[31]

> "Quando amamos uma pessoa tão ternamente como amo minha esposa, não podemos imaginar sua morte, não podemos, nem mesmo aguentar um pensamento desses [...]".[32]

> "[...] e de repente queria sobreviver e não morrer, não mais seguir minha esposa, mas permanecer aqui, permanecer *neste mundo* [...]".[33]

---

[29] Idem, p. 79.
[30] Idem, pp. 208-209.
[31] Idem, p. 180.
[32] Idem, p. 262.
[33] Idem, p. 287.

Mas a maior experiência de contradição e que encaminha Reger a aceitar a dimensão cômica da existência, ou pelo menos de sua existência, tem a ver com o paradoxo de seu sentimento de libertação resultar de uma grande tristeza:

> Reger, olhando para o *Homem de Barba Branca*, disse, a morte de minha esposa não foi apenas minha maior desgraça, mas também minha libertação. Com a morte de minha esposa, eu me tornei livre, ele disse, e quando eu digo livre, eu quero dizer inteiramente livre, completamente livre, integralmente livre, [...]. Não estou mais esperando pela morte, ela chegará por ela mesma, virá sem meu pensamento sobre ela, e não me importa quando. A morte de um ser amado é também uma enorme libertação de todo o nosso sistema, Reger disse.[34]

A percepção cômica da vida, no entanto, não anula a trágica. Como o próprio Reger conclui: "As coisas que pensamos e as coisas que dizemos, acreditando sermos competentes e, no entanto, não somos, *essa é a comédia*, e quando perguntamos porque isso tudo continua, essa é a tragédia [...]".[35]

A tragédia é escrever e dar fé à própria competência, é se equiparar de algum modo aos mestres antigos, pintores e escritores e compositores, que acreditaram em seus "sistemas" e, no entanto, não poder contar com a arte no momento do desespero:

> [...] eu fui abandonado por minha esposa e todos esses livros e escritos eram ridículos. Pensamos que podemos nos agarrar a Shakespeare ou a Kant, mas isso é um erro, Shakespeare e Kant e todo o resto, que durante nossa vida nós erigimos como sendo os melhores, nos deixam cair no exato momento em que precisamos deles tão desesperadamente, disse Reger.[36]

E se Schopenhauer o ajudou nessa transição da morte para a vida, é, como confessa, porque "abusou dele". A tragédia e a comédia, para Reger, foi ter, como disse, deslizado para dentro da arte fugindo da vida: a vida, porém, era inescapável.

Ao final do romance, Reger revela a Atzbacher por que o chamou no museu em um dia inusual, quebrando a rotina de trinta anos.

---
[34] Idem, pp. 300-301.
[35] Idem, p. 308.
[36] Idem, pp. 285-286.

Deseja convidá-lo para assistir *A bilha quebrada* de Kleist, no Burgtheater. Mais uma contradição. Porque a vida inteira Reger vituperou o Burgtheater, e, de repente, sofre o desejo de assistir *A bilha quebrada*, considerada a mais famosa e a mais perfeita comédia escrita em língua alemã.

A bilha quebrada não é escolha aleatória para encerrar um romance subtitulado «Comédia». Deve-se lembrar que a peça conta a história de um juiz que é obrigado a julgar a si mesmo, em uma espécie de versão cômica da tragédia de Sófloces, Édipo rei.

E não é isso o que faz Reger ao convidar Atzbacher para assistir a comédia? Não é criar um juízo retrospectivo sobre sua vida?[37] Ou seria Thomas Bernhard este juiz e esse julgado, esse tragicômico? A análise da estrutura narrativa da peça, bem como de seu principal *tableaux*, podem corroborar esta última sugestão.

Mestres antigos trabalha com o encaixotamento de discursos: os personagens são narradores-narrados. Todo o relato de Atzbacher inclui conversas com Reger e com Irrsigler, e seus relatos correspondentes, e vem emoldurado por uma narrativa em terceira pessoa enxuta e discretíssima. O romance inicia com esta intervenção de um narrador anônimo (grifado):

> Tendo marcado com Reger às onze e meia no Kunsthistorisches Museum, cheguei ali, porém, às dez e meia, como já há muito tempo me havia proposto, para poder observá-lo, desta vez, sem ser incomodado e por um ângulo o mais possivelmente ideal, <u>escreve Atzbacher.</u>[38]

E o narrador anônimo retornará apenas na última página do romance para encerrá-lo:

> Por três horas me torturou o pensamento de ter de lhe dizer que me acompanhasse n'*A Bilha Quebrada*, <u>disse então Reger, escreve Atzbacher</u>, durante três horas torturantes pensei em como diria que havia comprado duas entradas para *A Bilha Quebrada* e que ao fazê-lo *só tinha pensado em você e em mim*, porque durante decênios você tem ouvido de mim que o

---

[37] Deve-se lembrar, nesse sentido, da epígrafe do romance, tirada de Kierkegaard, que remete ao castigo de viver sem desejo de viver, de carregar esta culpa, que é a do personagem: "O castigo corresponde à culpa: ser privado de todo o desejo de viver, levado ao mais alto grau do tédio pela vida". Idem, p. 7.
[38] Idem, ibidem.

Figura 2
Capa do romance *Alte Meister* de Thomas Bernhard, produzida pela editora Suhrkamp

Burgtheater é o teatro mais horrível do mundo e agora, de repente, você tem que me acompanhar n'*A Bilha Quebrada no Burgtheater*, algo que nem sequer Irrsigler entende. *Tome a segunda entrada, disse, e venha esta noite comigo ao Burgtheater, divida comigo o prazer desta loucura perversa, meu querido Artzbacher*, disse Reger, escreve Atzbacher. Se, disse a Reger, escreve Atzbacher, *se esse é mesmo o seu desejo*, e Reger disse, *sim, este é mesmo o meu desejo* e me deu a segunda entrada. Realmente estive com Reger esta noite no *Burgtheater* asistindo *A Bilha Quebrada*, escreve Atzbacher. A apresentação foi horrível.[39]

Manifestado nesse início e nesse encerramento, o narrador se recolhe, deixando Atzbacher assumir um relato de 300 páginas, escrito em primeira pessoa, que dá a palavra, na maior parte do tempo, a Reger, e em menor medida a Irrsigler e a si mesmo.

O relato de Atzbacher é a transcrição de seus pensamentos e de sua memória que ocorrem durante uma hora, ou seja, pelo período em que aguarda o encontro com Reger, intervalo que usa para observar o mestre à distância.

Atzbacher, protegido no salão Sebastiano, contíguo ao Bordone, onde Reger, sentado em um banco, contempla "O homem de barba

---

[39] Idem, pp. 310-311.

branca" de Tintoretto, observa, por sua vez, Reger e o quadro, e eventualmente Irrsigler, quando este passa por lá.

Enquanto observa Reger, Atzbacher é atravessado por imagens e discursos, memórias de conversas com Reger no Museu e no Ambassador, e no apartamento deste, conversas com Irrsigler no museu, e mesmo *flashes* de sua infância. A simultaneidade do olhar é acompanhada pela simultaneidade temporal. Os exemplos abaixo ilustram a estrutura narrativa e o *tableaux* que a sustenta:

> Eu estava de pé lá, olhando Reger, que estava ainda *absorto*, como se diz, na contemplação de *O Homem de Barba Branca* de Tintoretto, e simultaneamente via Irrsigler, que não estava no salão Bordone, [via-o] recontando para mim parte de sua história de vida, isto é, [via] as imagens de Irrsigler na semana passada, ao mesmo tempo em que [via] Reger, que estava sentado no banco de veludo, e naturalmente, não havia ainda reparado em mim.[40]

> [...] o senhor Reger tem visitado o Kunsthistorisches Museum a cada dois dias, exceto às segundas-feiras. Discrição, esta é sua força, eu disse para Irrsigler, eu refleti, enquanto observava Reger, que, por sua vez, observava *O Homem da Barba Branca* de Tintoretto e que, por sua vez, estava no campo de visão de Irrsigler.[41]

> Mas imediatamente desisti de minhas reflexões sobre o que Irrsigler teria dito a Reger, em vez disso, observei Reger e simultaneamente o ouvi dizendo para mim: Pessoas vão ao Kunsthistorisches Museum, porque é uma coisa batida [...]. Eu via e observava Reger e simultaneamente ouvia o que ele tinha me dito um dia antes.[42]

> Eu via Reger sentado no banco e além dele o *Homem de Barba Branca*, e eu via Reger de novo, com uma afeição ainda maior do que a anterior, tentando elucidar para mim a arte da fuga, e eu ouvia o que Reger estava dizendo e ainda assim eu estava olhando para minha infância e ouvindo as vozes da minha infância [...][43]

[40] Idem, p. 16.
[41] Idem, p. 23.
[42] Idem, p. 31.
[43] Idem, p. 46.

Se Atzbacher observa Reger, que observa o quadro, que são observados eventualmente por Irrsigler, todos, no entanto, reversivamente, são olhados por "O homem de barba branca".

Como nota Ingeborg Hoesterey, buscando entender o uso ficcional do quadro de Tintoretto por Bernhard: "a pintura, feita por volta de 1570, é um destes retratos em que a pessoa representada tem um certo olhar que persegue o observador em todas as direções [...] e por mais de dezesseis metros".[44]

Mais curioso é perceber, como nota Gregor Hens, que "O homem de barba branca", retratado ao modo maneirista, com o dorso levemente torcido, e um olhar sutilmente soberbo, é muito parecido com o próprio Bernhard. E que a capa da edição alemã (Suhrkamp) da obra aproveita a deixa com uma fotografia de Bernhard em uma posição semelhante a do quadro[45] [Fig. 2].

Como já foi dito a respeito da obra de Beckett, ao olhar-se, imaginar-se, objetivar-se, conhecer-se, o sujeito necessariamente se divide. Pode-se dizer que Bernhard, amalgamado a "O homem de barba branca", olha para seus personagens para julgar-se.

Todos os três têm algum traço biográfico seu. Assim, como Bernhard, Reger afirma ter tido tuberbulose; Artzbacher, problemas respiratórios; e Irrsigler, uma saúde comprometida. Do mesmo modo que a mãe de Bernhard morreu de câncer, assim morreu a mãe de Irrsigler. Assim como Bernhard, também Reger e Artzbacher são escritores. Se Bernhard estudou música, Reger é musicólogo. Se erros médicos presidiram a turbeculose de Bernhard, e a irreversibilidade da doença de sua mãe, um erro médico vitimou a mulher de Reger. Assim como Reger, Bernhard perdeu um ente querido.

O nome Reger é um palíndromo, pode ser lido de trás para frente e vice-versa, e indica o espelhamento dos personagens, sustentado pela troca de olhares com o quadro, e por sua inclusão no olhar abrangente de "O homem de barba branca".

[44] HOESTEREY, Ingeborg. "Visual Art as Narrative Structure: Thomas Bernshar's *Alte Maeister*", in *Modern Austrian Literature* 21, n. 3-4: 117-22, 1988, apud COUSINEAU, Thomas J. *Three-Part Inventions – The Novels of Thomas Bernhard*. Cranbury: University of Delaware Press, 2008, p. 126.
[45] HENS, Gregor. *Thomas Bernhards Trilogie der Künste* – Der Untergeher, Holsfällen, Alter Meister, op. cit., p. 153.

A hipótese de que Bernhard presida o romance, amalgamado à figura do quadro — ao mesmo tempo contemplado e contemplador -, ilustra um sistema fechado. Esse modelo ocular pode ser deslocado para a escala narrativa, na qual um narrador em terceira pessoa, identificável com o próprio autor — dada a parcimônia de sua manifestação -, conta sobre Atzbacher, que conta sobre Reger e Irrsigler, os quais contam sobre suas vidas e/ou ideias.

Na mecânica desse sistema, o manipulador Reger, insistente produtor de porta-vozes, é, sem o saber, manipulado, pois atua como porta-voz de Bernhard. O emprego constante do plural majestático, detectado na fala de Reger, explora no registro ficcional sua acumulação de porta-vozes, mas figura no registro narrativo os porta-vozes de Bernhard. O sistema fechado, porém, abre uma pequena brecha, por onde introduz o leitor, potencial porta-voz do autor (juiz implacável da Áustria e das artes). Ao leitor é conferida a liberdade de amalgamar-se a "O homem de barba branca" para o efetivo exercício do juízo sobre Bernhard, suas ideias, sua obra. As palavras de Reger, afinal, podem atingir o leitor e orientar sua tarefa:

> Todos estes assim chamados mestres antigos são realmente fracassados, sem nenhuma exceção estão todos condenados ao fracasso e o <u>observador</u> pode comprovar esse fracasso em cada detalhe de seus trabalhos, em cada pincelada, assim [disse] Reger, nos menores e mínimos detalhes.[46]

3. IMPROVISO DE OHIO

Quando Beckett escreve *Improviso de Ohio*, tem 75 anos e, sua esposa, Suzanne Deschevaux-Dumesnil, 80. Segundo seu biógrafo James Knowlson, "a agenda de Beckett neste período mostra com que frequência telefonava para Suzanne sempre que se encontrava fora, para checar como estava passando e afligindo-se sempre que ela parecia não estar bem".[47] Apesar de os amigos próximos teste-

---

[46] BERNHARD, Thomas. *Alte Meister, Komödie*, op. cit., p. 303.
[47] KNOWLSON, James. *Damned to Fame. The Life of Samuel Beckett*. London: Bloomsbury, 1997, p. 647.

munharem à época uma relação de duas pessoas irritadas uma com a outra, compunham um casal quadragenário, com longa história compartilhada, e a ideia de perder a esposa "era insuportável para ele".[48]

Improviso de Ohio empresta desse sentimento o motivo da fábula. A chamada "*dear face*" da peça, o ente querido desaparecido, diferentemente do que muitos conjecturavam, não era James Joyce. "É uma mulher, não é? — pergunta Knowlson para o autor — "É Suzanne, ele responde".[49] Depois de *A última gravação de Krapp*, trabalho cuja tonalidade, recria o sentimento da perda da amiga Ethna MacCarthy e a memória de muitos amores antigos, *Improviso de Ohio* «é provavelmente a [obra] mais profundamente pessoal que Beckett tenha escrito [...]».[50]

Se o medo da perda de Suzanne participou da criação da fábula, referências biográficas explícitas comparecem na obra, entre elas, a mais contundente, relativa a seu convívio com James Joyce:

» Introduzido ao círculo de James Joyce, Beckett é logo convidado a ajudá-lo nas pesquisas para o *Finnegans Wake*. O convívio é estreito e, nos domingos de manhã, era possível vê-los caminhando pela Ilha dos Cisnes, a mesma que o personagem da peça palmilha sozinho, localizada no meio do Sena, perto *da* Pont de Grenelle.

» *Improviso de Ohio* menciona o chapéu com abas largas, à moda do Quartier Latin, usado airosamente por Joyce na época em que conviveram.[51]

» A prática de ouvir uma leitura também pode ser motivo joycenano, pois é sabido que, à medida que perdia a visão, Joyce contou com a cooperação de vários leitores zelosos, entre eles Beckett.

» Apesar do vocábulo "Ohio" referir-se à universidade-sede do simpósio para o qual Beckett escreve a peça, "Ohio" também "é

---

[48] Idem, p. 666.
[49] Idem, p. 665.
[50] Idem, p. 666.
[51] Idem, pp. 664-665.

um rio mencionado por Joyce no *Finnegans Wake*",[52] o que Beckett certamente sabia.

» O jovem Beckett tinha enorme devoção pelo consagrado escritor, que considerava como mestre, e de quem emprestou, como confessado a James Knowlson, vários maneirismos: o modo de segurar o cigarro e de sentar-se, inclusive, o modo de vestir-se.[53]

» Assim como Joyce, Beckett também tornar-se-ia um escritor reconhecido.

» Isso posto, seria razoável atribuir a imagem dos dois velhos idênticos à mesa, em *Improviso de Ohio*, a uma recriação imaginária do discípulo tornado mestre. Segundo sugestão de Knowlson:

> a imagem do rio (o Sena) com seus dois braços fluindo um no outro, após terem se dividido no caminho ao longo da ilha [dos Cisnes] [...] é uma chave para o significado da peça. Em seu centro emocional estão a tristeza, a perda e a solidão, contrastadas com a memória da união [*togetherness*].[54]

Haveria, portanto, nessa peça, quase musical, uma clave triste ("*the sad tale*"), relativa à perda de um ente querido, por parte do personagem, e associada geneticamente à morte imaginária da esposa; mas também uma clave alegre ("*how in joyous eddies its two arms conflowed and flowed united on*"[55]), vinculada à memória das manhãs compartilhadas com Joyce na Ilha dos Cisnes.

Outros aspectos biográficos em *Improviso de Ohio* referem-se, de modo cifrado, aos estudos beckettianos. Por exemplo, uma das ações fortes da peça, a leitura — em inglês "*reading*" -, é um trocadilho com o nome da cidade onde se encontra a maior parte dos manuscritos de Beckett, Reading, na Inglaterra. Outro trocadilho diz respeito à expressão "*white nights*", convertida literalmente do termo francês para insônia, "*nuit blanche*", mas que, sendo fonetica-

---

[52] BRATER, Enoch. *Beyond Minimalism. Beckett's late Style in the Theater*. New York: Oxford University Press, 2013, p. 123.
[53] Idem, pp. 99-101.
[54] KNOWLSON, James. *Damned to Fame. The Life of Samuel Beckett*, op. cit., p. 665.
[55] BECKETT, Samuel. *Samuel Beckett, The Complete Dramatic Works*. London: Farber and Farber, 1990, p. 446.

mente idêntica à palavra Whiteknights, remete ao local do arquivo de Beckett em Reading,[56] na época em que a peça foi escrita.

Improviso de Ohio, contudo, não é um texto autobiográfico. Destaca-se enquanto esforço fenomenológico ou epistemológico, a exemplo de *Companhia* e *That Time*, que exploram a cisão do personagem efabulador. O oximoro "sozinhos juntos" ("*alone together*"), que qualifica a relação entre o ente querido e aquele que ele abandona, pode aludir a dois estratos mnêmicos do autor, a sua relação com Suzanne, sua relação com Joyce, mas remete, sobretudo, à relação que se manifesta na cena, entre Leitor e Ouvinte, e que se manifesta no teatro, entre personagem e plateia.

Para Thomas Bernhard, em *Mestres antigos*, o luto é ocasião para divulgar ideias, usando vários porta-vozes — o leitor incluído nesse jogo -, mas, principalmente, ocasião para compartilhar uma espécie de sabedoria adquirida a partir do luto, a sabedoria cômica (ou tragicômica) da existência, e que constitui, ao mesmo tempo, uma crítica da arte como meio de consolação — traço metalinguístico da obra.

A angústia da perda do ente querido motiva Beckett a reencenar um motivo recorrente em seus textos, a cisão do sujeito como forma de companhia. Em *Improviso de Ohio*, a efabulação, a leitura de um livro, que é a história de uma vida, habilita-se como forma de consolação, e porta, em seus estratos mais profundos, vestígios de um leitor e um ouvinte – Beckett leitor para Joyce –, os quais podiam fluir "sozinhos juntos".

O personagem beckettiano (em *That Time*, *Companhia*, *Improviso de Ohio*), ao rememorar ou imaginar ou efabular, cinde-se para ter companhia e, nesse processo, oferece-se como estudo do impulso efabulador — que move o próprio autor -, estudo que atrela à obra um esforço fenomenológico e epistemológico.

O personagem beckettiano, no entanto, está sempre sozinho, e só vence o solipsismo porque se encontra engendrado em um mecanismo que o ultrapassa, não solipsista, um mecanismo que desloca

---

[56] BRATER, Enoch. *Beyond Minimalism. Beckett's late Style in the Theater*, op. cit., p. 132.

o leitor, ou a plateia, para junto dele. Em Beckett, nessa fase de sua obra, não se trata mais de divulgar ideias, nem sabedoria, mas pôr em movimento uma experiência estética, um mecanismo artístico que visa ao público. Essa característica da obra de Beckett será comentada detidamente no capítulo seguinte.

[CAPÍTULO 4]

PLATEIA E LEITOR:
EFEITO DE ESTRANHAMENTO E EFEITO DE IMERSÃO

> Hypocrite lecteur,
> - mon semblable —
> mon frère!
>
> *Baudelaire*

> Someone is looking at me still.
> Caring for me still.
> That what I find so wonderful.
> Eyes on my eyes.
>
> *Samuel Beckett,* Happy Days

1. METATEATRO: PIRANDELLO, DIDEROT E BECKETT

> E se a gente se enforcasse?
>
> *Samuel Beckett,* Esperando Godot

> Nós queremos viver.
>
> *Luigi Pirandello,* Seis Personagens à procura de um autor

1.1. Seis personagens à procura de um autor e Esta noite se representa de improviso

Em seus *Escritos sobre o teatro*,[1] Bertolt Brecht compara o modo de representação do Teatro Épico àquele que sucede a um acidente de rua. Nesse caso, as testemunhas reconstroem o fato, demonstrando o ocorrido sem se amalgamar às personagens originais. O ator épico, da mesma maneira, jamais esquece ou deixa esquecerem sua distância em relação ao personagem. Ele veste-o e desveste-o, segundo seu propósito extradramático, e demarca assim a diferença com o teatro tradicional.

Se no teatro grego a máscara[2] poupava o ator de fundir-se ao personagem, uma vez que resumia os traços distintivos do papel a ser executado, o que se detecta, no entanto, com o devir dessa arte, é a progressiva fusão do personagem com o ator, que culmina na invenção de uma entidade moral e psicológica eficiente em facilitar a identificação entre palco e plateia.[3] O personagem, contudo, é subsidiário das ações[4] que compõem o mito ou a trama dos fatos. O teatro tradicional ou ilusionista, assim, enreda os personagens (e, por conseguinte, o ator) na trama das ações.

Isso posto, pode-se calcular o impacto para o público e o desafio crítico conexo, quando, em encenações de Pirandello, seis personagens adentram o palco à procura de um autor.

Seis personagens à procura de um autor encena a interrupção de um ensaio — povoado por atores, diretor, ponto e outros funcionários do palco -, perpetrados por entes fictícios à procura de sua concreção artística.

A aparição dos personagens separa imediatamente os partícipes da apresentação em dois grupos distintos: o grupo dos reais, a trupe

---

[1] BRECHT, Bertolt. *Écrits sur le théatre*, v. 1. Paris: L'Arche, 1963.
[2] "No teatro grego, a persona é a máscara, o papel assumido pelo ator, ela não se refere à personagem esboçada pelo autor dramático. O ator está nitidamente separado de sua personagem, é apenas seu executante e não sua encarnação...". PAVIS, Patrice. *Dicionário de teatro*. São Paulo: Perspectiva, 1999, p. 285.
[3] Idem, ibidem.
[4] As ações são aquilo que de fato se imita na poesia trágica, segundo Aristóteles. ARISTÓTELES. *Poética*. Lisboa: Imprensa Nacional/Casa da Moeda, 1986, 1450, a, 16-22, p. 111.

de artistas; e o dos ficcionais, os recém-chegados: o Pai, a Mãe, o Filho e seus meio-irmãos, a saber, a Enteada, o Rapazinho e a Menina.

Seja em 1921, em sua estreia romana, sob o protesto do público que gritava "*manicomio, manicomio*", ou em montagens contemporâneas, para audiências aclimatadas às experiências modernas e pós-modernas, *Seis personagens à procura de um autor* incita a perplexidade: aqueles que interrompem o ensaio não se traduzem dramaticamente como seres enredados numa trama (pois não tiveram um autor para lhes confeccionar um texto); mas também não se traduzem epicamente (no sentido brechtiano), como instâncias submissas aos comentários do ator (uma vez que, enquanto personagens puros, têm consciência de sua situação, e debatem-na de diferentes ângulos).

Nem dramáticos, nem épicos,[5] os nomeados personagens são entes pré-dramáticos, emanações da fantasia de Pirandello, e que devem ser levados à cena como *personae* — lembre-se que a rubrica prescreve-lhes o uso de máscaras.[6]

Portanto, será preciso, por convenção, abstrair, os atores de sob as máscaras, no caso dos seres ficcionais, e deixar luzir apenas as *personae*,[7] em seus traços trágicos e invariáveis, como ocorria no teatro antigo. Do mesmo modo, por convenção, será preciso abstrair o

---

[5] *Seis personagens à procura de um autor* é teatro épico e esse traço da peça será discutido adiante. O que se defende por hora é que, em Pirandello, a mecânica entre ator e personagem não se move epicamente no sentido brechtiano.

[6] Para não se confundirem com os atores, Pirandello prescreve em rubrica que "o meio mais eficaz e conveniente [...], que aqui sugerimos é o uso de máscara para as Personagens, máscaras feitas expressamente de material que não amoleça com o suor e que sejam leves, para não incomodar os atores que as usarem. [...] As Personagens não deverão aparecer como "fantasmas", porém como "realidades criadas", construções imutáveis da fantasia e, por conseguinte, mais reais e consistentes do que a volúvel naturalidade dos Atores". PIRANDELLO, Luigi. *Seis personagens à procura de um autor*, in *O falecido Mattia Pascal; Seis personagens à procura de um autor*, com prefácio do autor. São Paulo: Abril Cultural, 1978, p. 358.

[7] Como diz Sábato Magaldi em "Princípios estéticos desentranhados das peças de Pirandello sobre teatro", "[...] o público estaria vendo as personagens em estado puro, sem a modificação imposta pelo crivo do intérprete". MAGALDI, Sábato. "Princípios estéticos desentranhados das peças de Pirandello sobre Teatro", in PIRANDELLO, Luigi. *Pirandello: do texto no teatro*, J. Guinsburg, org. São Paulo: Perspectiva, 1999, p. 16.

fato de que a trupe de teatro é uma realidade de segundo grau, atores mimetizando uma trupe de teatro.

O resultado dessa adaptação permite o confronto entre real e ideal, entre vida e arte, em inextinguível curto-circuito, faiscando os paradoxos com os quais o escritor filosofa na cena.

No prefácio a *Seis personagens*, Pirandello explica que, diferentemente de um "autor histórico", que figura homens e mulheres apenas pelo prazer de representá-los, um "autor filosófico" os irá representar se conseguirem suprir uma "necessidade espiritual mais profunda", se puderem alcançar "valor universal".[8]

Quando a fantasia (funcionária assídua do escritor) apresenta-lhe os seis infelizes e sua desdita trama incestuosa, Pirandello os rejeita. Ainda que compareçam depois dessa data, noite após noite, insistindo sobre o ingresso no universo artístico, o autor não identifica em sua história matéria suficientemente filosófica para uma peça ou romance. Veta seu drama, nega a concreção dramática da fábula e, com isso acaba por desviá-los para uma nova situação: a busca por um autor. E é dessa perspectiva que os intentos pirandellianos poderão ser contemplados.

A mistura de tragédia e comédia conquistada pelo texto, que justapõe o drama eternamente sofrido pelas entidades fictícias e a impossibilidade de representá-lo na cena, granjeia para a obra a qualidade humorística já valorizada pelo autor no ensaio *O humorismo* de 1908.

Sem se confundir com o cômico, que explora um fato inequívoco e claro, a qualidade humorística é definida como instrumento reflexionante, revelando a ambiguidade e a sombra dos acontecimentos. Com isso, não força o riso súbito, mas leva à perplexidade: "é próprio do humorista, pela atividade especial que nele assume a reflexão – gerando o sentimento do contrário – o não saber mais de que parte ficar, a perplexidade, o estado irresoluto da consciência".[9]

---

[8] PIRANDELLO, Luigi. "Prefácio", in PIRANDELLO, Luigi, *O falecido Mattia Pascal, Seis personagens à procura de um autor*. op. cit., p. 327.
[9] PIRANDELLO, Luigi. "O humorismo", in PIRANDELLO, Luigi. *Pirandello: do texto no teatro*, J. Guinsburg, org., op. cit., p. 164.

Seis personagens contempla o receituário humorístico sobretudo por tornar paradoxal a distinção entre realidade e fantasia, entre vida e arte: "Tudo o que tem vida, justamente pelo fato de viver, *possui* forma e, por isso, está sujeito a morrer. Com a obra de arte, porém, acontece o contrário: ela se perpetua viva, justamente porque é a forma".[10]

O confronto levado à cena entre seres reais e ficcionais, entre vida e forma, permite a Pirandello defender seu programa estético racionalista. As formas são a realidade de fato. Em viés assumidamente platônico, entendendo as ideias como modelo no qual o mundo se espelha, o autor alcança uma crítica abrangente do teatro em seu tempo: problematiza o naturalismo, questiona a relevância do ator e a importância do diretor, impugna a validade da *pièce bien faite*, questiona o teatro analítico ibseniano e responde às dificuldades da dramaturgia do Eu de Strindberg.

Pirandello alfineta a glamourização dos intérpretes, consagrando-lhes um posto periférico na hierarquia cênica, a qual é encimada pelos personagens. Como prescrito em rubrica, estes são "construções imutáveis da fantasia, e por conseguinte mais reais e consistentes do que a volúvel naturalidade dos atores".[11] Postos, assim, lado a lado, atores e personagens não expõem no palco apenas diferenças de aparência,[12] mas demonstram sua impossível comunhão. O Pai, referindo-se ao ator baixinho que o representará, diz:

> [...] com esta altura... (todos os atores riem), [ele] dificilmente poderá ser uma representação de mim, como realmente sou. Será antes — pondo de parte o aspecto — será mais exatamente, como lhe parece que sou, como o

---

[10] PIRANDELLO, Luigi. "Prefácio", in PIRANDELLO, Luigi, *O falecido Mattia Pascal, Seis personagens à procura de um autor.* op. cit, p. 339.
[11] PIRANDELLO, Luigi. *Seis personagens à procura de um autor*, in *O falecido Mattia Pascal; Seis personagens à procura de um autor*, op. cit., p. 358.
[12] A personagem da Enteada escarnece da atriz que a interpreta e, no último ato, lamenta, inclusive, que o jardim e a fonte onde sua irmãzinha irá se afogar sejam jardim e fonte "fingidos", sem os sugestivos bambus e patinhos do local original da tragédia.

senhor me sente — se é que me sente — e não como eu me sinto, dentro de mim.[13]

A fusão fundamental entre os dois grupos de agentes, responsável pela ilusão requerida no teatro dramático, é posta em xeque. O ator sempre mostrará uma versão arrefecida ou imperfeita do personagem. "O ator como ser humano está condicionado por sua existência psicológica, social e material. Essas características minam sua habilidade em sentir e ser inteiramente como os Personagens".[14]

Pirandello põe também em dúvida a relevância artística da *mise en scène*. Em 1921, por ocasião da temporada francesa da peça, não faz concessões ao assunto e declara para o jornal *Le Temps* "que a encencação de uma peça é sempre uma traição ao original — ou seja, ao texto do modo como concebido pelo autor -, [e] a *mise en scène* não é propriamente uma obra de arte».[15]

Suas ponderações sobre as funções do diretor, do ator e do autor inserem-no no intenso debate teatral ocorrido no início do século XX. Atingem não apenas a validade de um movimento como o Naturalismo — embasado em estratégias ilusionistas, e desnudadas com o confronto entre reais e ficcionais -, mas especialmente as ideias teatrais do cenógrafo e diretor simbolista Edward Gordon Graig.[16]

O texto, de acordo com Craig, seria ponto de partida e inspiração para a criação do espetáculo. Ao final do processo, porém, texto e cena estariam ligados apenas pelo tema comum, uma vez que a

---

[13] PIRANDELLO, Luigi. *Seis personagens à procura de um autor*, in *O falecido Mattia Pascal; Seis personagens à procura de um autor*, op. cit., p. 407.
[14] DONATO, Santermo. "Pirandello's Quest for truth: Sei personaggi in cerca d'autore", in BIASIN, Gian-Paolo Biasin; GIERI, Manuela (eds.), *Luigi Pirandello: Contemporary Perspectives*. Toronto: University of Toronto Press, 1999, p. 46.
[15] Idem, p. 39.
[16] "É certo que Pirandello e Craig se encontraram em 1934. Pirandello, sabe-se, convidou Craig para uma conferência internacional sobre teatro nesse ano. Muitos, no entanto, sustentam que Pirandello frequentemente atacava e ridicularizava as teorias de Craig. Em especial, o protagonista de *Sta sera si recita a soggetto*, o malicioso Hinkfuss, é tido como um retrato de Craig feito por Pirandello. O inglês também estava familiarizado com a obra de Pirandello. Na verdade, em um artigo intitulado "The Originality of Luigi Pirandello" ele o atacava ferozmente. Entre outras coisas acusava Pirandello de ser um "romancista que usa a forma dramática sem ter nenhum entendimento sobre teatro". Esse artigo, assinado por Henry Fhips (um dos 82 pseudônimos que Craig usava) apareceu em *A Máscara* 12 (1926), 33-6". Idem, p. 50, nota 14.

composição e o resultado artístico da obra ficariam sob responsabilidade do diretor.

Ora, *Seis personagens* discorre justamente sobre a pretensão malograda de um diretor em assumir um encargo de autor. A considerar pelo título da peça, é por um autor que a infeliz família anseia. Conformando-se à trupe, aceitando o diretor como canal de sua concretização estética, os personagens fazem-no por Pirandello, para confirmar sua hipótese racionalista: não há conciliação possível entre as esferas da realidade e da ficção, ou entre aquela do texto e da cena.

No final da vida, depois de intensa atividade como *cappocomico*, Pirandello redime o palco e pode afirmar que "as duas obras — o texto e o espetáculo — pertencem a dois reinos diferentes da arte [mas] devem ser considerados legitimamente arte".[17] A diferença entre os "reinos", no entanto, e acima de tudo a encenação dessa diferença, é a chave crítica que permite ao teatro moderno olhar-se no espelho, distanciar-se e investigar o que nele se tornou problemático.

Assim, a *pièce bien faite* — que pode ser descrita como a prática da mecânica dramática clássica na época de sua obsolescência – recebe, com *Seis personagens*, seu atestado de óbito. Ao aceitar o desafio de levar à cena a tragédia da família, o Diretor toma como parâmetro dramático o modelo tradicional praticado pela trupe que ensaia o drama burguês *Il Giuoco delle Parti*, escrito por Pirandello em 1918.

O encontro entre atores e personagens dá, portanto, visibilidade à crise estética e existencial que transformou os pilares do drama — a saber, a estrutura dialógica, a abertura dialógica e a objetivação do sujeito por meio de suas ações — em dispositivos dramatúrgicos ultrapassados.

De que maneira dar crédito ao diálogo, se a subjetividade exacerbada fez-se marca das relações humanas na modernidade? Como explica o Pai:

---

[17] Idem, p. 41.

> E como podemos entender-nos, senhor, se, nas palavras que digo, ponho o sentido e o valor das coisas como são dentro de mim, enquanto quem as ouve lhes dá, inevitavelmente, o sentido ou valor que elas têm para ele, no mundo que traz consigo? Pensamos entender-nos... e jamais nos entendemos.[18]

Como pontua o crítico Sábato Magaldi, o que pode parecer um "radicalismo teórico" é, todavia, resultado "do conceito de incomunicabilidade, subjacente em todo o pensamento pirandelliano. Se um homem não se revela totalmente a outro, por que a personagem se desnudaria para o intérprete".[19]

O que Peter Szondi chama de abertura cênico-dialógica,[20] ou seja, o imperativo confessional do personagem dramático, cuja existência depende de uma exteriorização absoluta, é impossível para o Filho e para a Mãe. O Filho, como personagem dramaticamente irrealizável, confessa ao Diretor:

> Senhor, o que eu experimento, o que eu sinto, não posso e não quero dizer! Poderia, no máximo, confiá-lo, na mais absoluta reserva, mas não quero fazê-lo nem a mim mesmo. Como vê, pois, isso não pode dar motivo a nenhuma ação, de minha parte. Creia, senhor, acredite, sou uma personagem não "realizada", dramaticamente, e que estou mal, muitíssimo mal, na companhia deles! Deixem-me quieto.[21]

No caso da Mãe, reencenar a história afigura-se-lhe uma espécie de tortura incompreensível. Ela pede ao Diretor: "Oh, senhor, suplico-lhe que impeça este homem [o Pai] de realizar o seu propósito, que para mim, é horrível".[22]

Diz-se que o sujeito dramático é como ele age. Mais do que isso, ele é como ele age dentro das margens da fábula, submetida à regra

---

[18] PIRANDELLO, Luigi. *Seis personagens à procura de um autor*, in *O falecido Mattia Pascal; Seis personagens à procura de um autor*, op. cit., p. 377.
[19] MAGALDI, Sábato. "Princípios estéticos desentranhados das peças de Pirandello sobre Teatro", in PIRANDELLO, Luigi. *Pirandello: do texto no teatro*, J. Guinsburg, org., op. cit., p. 16.
[20] SZONDI, Peter. *Teoria do drama moderno [1880-1950]*, Luiz Sérgio Rêpa (trad.). São Paulo: CosacNaify, 2001, p. 148.
[21] PIRANDELLO, Luigi. *Seis personagens à procura de um autor*, in *O falecido Mattia Pascal; Seis personagens à procura de um autor*, op. cit., p. 391.
[22] Idem, p. 370.

aristotélica da unidade de ação. De uma vida inteira, escolhe-se um único acontecimento. Não importa o que fazia Édipo em sua juventude em Corinto, nem as mil e uma decisões praticadas por Lear antes da velhice. Os personagens dramáticos ostentarão para sempre uma só marca distintiva. Contra essa injusta imposição, insurge-se o Pai. Ele confessa:

> O drama para mim está todo nisto: na convicção que tenho de que cada um de nós julga ser "um", o que não é verdade, porque é "muitos"; tantos quantas as possibilidades de ser que existem em nós: "um" com este; "um" com aquele — diversíssimos! E com a ilusão, entretanto, de ser sempre "um para todos", e sempre "aquele um" que acreditamos ser em cada ato nosso. Não é verdade![23]

A dimensão múltipla do sujeito, no entanto, só é percebida quando este se vê vitimado por algum acontecimento forte, que o reduz a um estado mononímico diante do outro:

> Percebemos bem isso — continua o Pai -, quando, em qualquer de nossos atos, por um acontecimento infeliz, ficamos como que enganchados e suspensos e nos damos conta de que não estamos por inteiro naquele ato e que seria, portanto, uma injustiça atroz julgar-nos só por isso, manter-nos enganchados e suspensos no pelourinho durante uma existência inteira, como se toda ela se resumisse naquele ato![24]

No caso, o Pai reclama o direito de defesa[25] ante a versão dos fatos apresentada pela Enteada. Se ele quase a levou para a cama na alcova de Madame Pace, foi por não reconhecê-la e por uma série de circunstâncias advindas, no entanto, de escolhas moralmente justificadas. O Diretor, que faz a acareação entre os dois, toma como medida o cânone dramático clássico. Se ao Pai é impossível mudar o que ocorreu, a Enteada não terá o privilégio de imprimir a sua versão dos fatos:

---

[23] Idem, p. 389.
[24] Idem, p. 389.
[25] Pode-se pensar que, de fato, os personagens em busca de um autor sejam o Pai e a Enteada, estando os outros submetidos à sua existência, sem possibilidade de libertar-se da fábula em que os dois são os protagonistas.

> *A Enteada*: ... Ele [o Pai] quer chegar logo à representação (...) dos seus tormentos espirituais; mas eu quero representar o meu drama! O meu!
>
> *O Diretor*: ... Oh, enfim, o seu! Não é somente o seu, desculpe! É também o dos outros! O dele (indica o Pai), o da sua mãe! Não é possível que uma personagem venha, assim, demasiada à frente, e se sobreponha às demais, invadindo a cena. É preciso mantê-las todas num quadro harmonioso e representar o que é representável![26]

A tentativa do Diretor de "harmonizar" os vários pontos de vista, nesse caso, aponta para sua recusa em ceder à inovação strindberguiana, a chamada dramaturgia do Eu.

O esforço do Diretor, no entanto, não vinga. Os personagens, de um modo ou de outro, resistem à forma *bien faite*. O empenho em se construir um texto que contemporize sua tragédia, suas demandas e aversões, é abandonado. Isso corrobora, por fim, a decisão pretérita de Pirandello de não os ter acolhido.

Segundo Peter Szondi, ao dispensar os Personagens, o autor siciliano previra as dificílimas manobras a que estaria obrigado para contar essa história, que é, como se reconhece durante a peça, um drama analítico ao modo de Ibsen:

> Executar o plano dessa peça segundo as regras da dramaturgia clássica requereria não apenas a maestria de Ibsen, mas também a sua cega brutalidade. Mas Pirandello viu claramente a resistência da matéria e de seus pressupostos intelectuais à forma dramática. Por isso ele renunciou a ela e manteve na temática a resistência, em vez de quebrá-la.[27]

Se a *pièce bien faite* trabalha sempre no presente, não recorrendo ao passado como motor das ações, o drama analítico, pelo contrário, invadindo o terreno do romance, precisa do passado para explicar os erros do presente. No caso de *Seis personagens*, o casamento do Pai "bem intencionado", mas malsucedido, com uma mulher simples; a cessão dessa mulher para um outro homem que amava mais; a recusa em deixá-la partir com o filho; a morte do se-

---

[26] Idem, p. 432.
[27] SZONDI, Peter. *Teoria do drama moderno [1880-1950]*, op. cit., p. 147.

gundo marido; a necessidade da Mãe de sustentar uma família que crescera; a prostituição da Enteada, sem a ciência da Mãe; todos esses fatos deveriam aflorar no "drama a fazer".

A necessária invasão do passado para se compreender a trama é sentida pelo Diretor, logo no início da peça, como problema. Após o Pai e a Enteada narrarem para a trupe o seu drama, o Diretor duvida que possa tirar da história algum proveito:

> *O Diretor*: Mas tudo isso é narrativa, meus senhores!
> *O Filho* (com desprezo): Claro que é! Literatura! Literatura!
> *O Pai*: Qual literatura, qual nada! Isso é vida, senhores, paixão!
> *O Diretor*: Será. Mas irrepresentável![28]

Em Ibsen, nota-se que a importância concedida ao passado mitiga a força agonística do diálogo, o qual se transforma em conversação. O elemento épico entra, pode-se dizer, disfarçado, no terreno dramático, e afeta formalmente, inclusive, o desfecho. Sabe-se que, na *pièce bien faite*, os acontecimentos devem suceder-se na lógica de causa e efeito, uma ação conflituosa engendrando outra, e assim paulatinamente, até o final. O drama ibseniano, contudo, por prescindir do conflito dialógico e do devir causal, encerra necessariamente de maneira abrupta: a catástrofe fecha a história como que por decreto. O mesmo ocorreria com o drama dos Personagens. Pois de que modo enquadrar, na cadeia causal, o afogamento da Menina e o suicídio do Rapazinho?

Como foi dito anteriormente, Pirandello, em seu prefácio, atribui a rejeição dos personagens ao *déficit* "filosófico" da fábula. Peter Szondi, contudo, não se convence totalmente com a explicação privada[29] e a historiciza. *Seis personagens à procura de um Autor* se insere, para Szondi, em um movimento histórico, que, na primeira metade do século XX, procurou resolver a contradição (detectada nas peças do final do século XIX) entre a forma dramática e os "con-

---

[28] PIRANDELLO, Luigi. *Seis personagens à procura de um autor*, in *O falecido Mattia Pascal; Seis personagens à procura de um autor*, op. cit., pp. 383-384.
[29] SZONDI, Peter. *Teoria do drama moderno [1880-1950]*, op. cit., pp. 145-146.

teúdos épicos". Por conteúdos épicos entenda-se o peso do passado, a incomunicabilidade, o subjetivismo, o inconsciente, a força das determinações histórico-sociais, enfim, tudo o que se destaca como sintoma ou causa da crise do sujeito e da sociedade burguesa. *Seis personagens* instaura-se, como explica Szondi, como obra épica e crítica ao drama:

> Como para toda dramática épica, o que normalmente constitui forma do drama é para ela algo temático. [...] A temática divide-se em duas camadas: a camada dramática (o passado dos seis personagens), que, no entanto, já não é mais capaz de constituir uma forma; e uma segunda, épica, que responde àquela tarefa em sua relação com a primeira.[30]

O texto presente tem como escopo investigar em *Seis personagens à procura de um autor* não apenas a reflexão detectada por Szondi — que imprime ao texto seu caráter épico — e que se pode entender como duplicação por cisão (personagem descolado do ator), mas também investigar outras duas manifestações de duplicação, a saber, a reflexão por espelhamento (que atinge a plateia) e por afinidade (que encontra em outros autores procedimentos semelhantes).

Ao operar a cisão da entidade dramático-ilusionista ator/personagem, e confrontar seus agentes, Pirandello acaba por encenar as limitações da forma clássica, transformando, assim, um aspecto formal do drama em tema da peça.[31] *Seis personagens à procura de um autor* é, portanto, teatro épico. Como visto até aqui, Diretor e Atores defendem — sem sucesso — o modelo dramático tradicional contra as demandas antidramáticas dos Personagens. A função crítica da cisão, contudo, que expõe a falência do texto clássico, acaba por atingir um outro alvo, camuflado pelo véu tênue da situação, a plateia.

Seis personagens à procura de um autor compõe, com *Cada um a seu modo* (1924) e *Esta noite se representa de improviso* (1929), a trilogia pirandelliana dos "*drammi a fare*", ou trilogia do teatro dentro do teatro. Nas três peças, articulam-se dois registros ficcionais, o

---
[30] Idem, p. 151.
[31] "Como para toda dramática épica, o que normalmente constitui a forma do drama é para ela algo temático". Idem, ibidem.

dramático e o épico, cuja relação acaba por espelhar aquela entre palco e plateia.

Em *Seis personagens*, é discreta a inclusão da plateia no jogo cênico. Sua função dramática é espelhada pelo palco quando os atores assistem aos personagens ou quando os personagens assistem aos atores. Em nenhum momento, porém, a palavra é dirigida a ela diretamente, em nenhum momento ela tem a oportunidade de manifestar-se. Já em *Cada um a seu modo*, a plateia é parte da encenação,[32] e chega, com *Esta noite se representa de improviso*, a um momento extremo de desvelamento, que merece ser comentado mais detidamente.

Assim como em *Seis personagens*, *Esta noite se representa de improviso* encena a pretensão malograda de um diretor em criar uma peça teatral sem a mediação do autor. Logo no início do espetáculo, num longo prólogo dirigido à plateia, o Diretor Doutor Hinkfuss expõe seu programa. Declara-se único responsável pela *mise-en-scène*, "porque no teatro a obra do escritor não existe mais". Se ele faz uso de uma novela "como matéria de *sua* criação [...], [serve-se dela] como *se servirá* da competência dos atores escolhidos para representar os papéis de acordo com a interpretação que *terá* feito deles".[33] Do mesmo modo, orquestrará o trabalho dos cenógrafos, cenotécnicos e iluminadores.

A divisão entre seres reais e seres ficcionais, encontrada em *Seis personagens*, estrutura também *Esta noite se representa de improviso*. Dentre o grupo dos reais, estão o diretor, os atores e a plateia. O grupo dos ficcionais congrega os personagens da novela a ser improvisada, cujo título não é mencionado, mas se sabe tratar-se do conto *Leonora, Addio* do próprio Pirandello. A peça comporta, portanto, uma situação-moldura — o projeto improvisatório de Hinkfuss e sua trupe -, que engloba o conto a ser improvisado.

---

[32] A plateia, neste caso, é incluída no jogo cênico, quando alguns espectadores (e personagens da peça) sentem-se retratados na história que se desenvolve no palco.
[33] PIRANDELLO, Luigi. *Esta noite se representa de improviso*, in PIRANDELLO, Luigi. *Pirandello: do texto no teatro*, J. Guinsburg, org., op. cit. p. 247.

Se *Seis personagens* e *Esta noite* se estruturam de modo semelhante — por cisão entre reais e ficcionais -, enfatizam, no entanto, elementos diferentes do jogo teatral. No primeiro caso, os personagens, defendendo sua verdade, impedem a realização do empreendimento do diretor; no segundo caso, a exigência dos atores, para preservar a autenticidade de sua *performance*, é obstáculo ao improviso pretendido por Hinkfuss. "Para desempenhar a contento o seu papel" – explica Sábato Magaldi –, "o ator necessita de um clima favorável, no palco, auspiciado pela justeza de todas as deixas."[34] Para tanto, "é preciso o autor",[35] o que se conclui ao final da peça.

Em *Seis personagens*, o projeto racionalista de Pirandello pôde ser explicitado ao se verificar a impossível fidelidade do teatro ao texto escrito; com *Esta noite*, Pirandello faz ascender a arte do ator na hierarquia artística, comparando-a à empresa autoral: "O bom ator, improvisando, percorre um caminho semelhante ao do dramaturgo, porque só pode utilizar as palavras verdadeiras, intuídas através do imperativo da situação".[36] O programa onipresente do Diretor Hinkfuss malogra, portanto, pois se choca com a exigência de autonomia da criação do intérprete.[37]

Em ambos os casos, contudo, não são os atores, nem o autor, tampouco o diretor, que provocam a plateia e a desestabilizam, mas os próprios personagens.

Quando Pirandello faz o Diretor Doutor Hinkfuss dirigir-se ao público no início do espetáculo e, além disso, prescreve no texto a resposta de alguns espectadores às suas colocações, desloca toda a plateia imediatamente para dentro do registro ficcional. Os atores que interpretam espectadores, assim como os espectadores *tout*

---

[34] MAGALDI, Sábato. "Princípios estéticos desentranhados das peças de Pirandello sobre Teatro" in PIRANDELLO, Luigi. *Pirandello: do texto no teatro*, J. Guinsburg, org., op. cit., p. 26.
[35] PIRANDELLO, Luigi. *Esta noite se representa de improviso*, in PIRANDELLO, Luigi. *Pirandello: do texto no teatro*, J. Guinsburg, org., op. cit. p. 315.
[36] MAGALDI, Sábato. "Princípios estéticos desentranhados das peças de Pirandello sobre Teatro", in PIRANDELLO, Luigi. *Pirandello: do texto no teatro*, J. Guinsburg, org., op. cit., p. 26.
[37] Como diz o Primeiro Ator no início da peça: "Não sou nenhuma marionete!". PIRANDELLO, Luigi. *Esta noite se representa de improviso*, in PIRANDELLO, Luigi. *Pirandello: do texto no teatro*, J. Guinsburg, org., op. cit. p. 251.

court, irmanam-se como realidade de segundo grau. Coabitam a *mise-en-scène*.

Entretanto, um segundo deslocamento é operado, inserindo a plateia ainda mais profundamente no plano ficcional. Após Diretor e Trupe discutirem e finalmente concordarem em começar o improviso, o palco transmuda-se em aldeia siciliana. A fábula será improvisada. Uma procissão evolui ao som de sinos; em seguida a sua passagem, os personagens começam a ser apresentados. Primeiramente dentro de um cabaré e, depois, novamente na rua, por onde caminha um grupo animado em direção ao teatro.

Desde o início de *Esta noite*, nota-se, na plateia, um camarote reservado e mantido vazio. Quando o grupo deixa a cena na rua, o palco passa a representar, por meio de projeção cinematográfica, um melodrama italiano antigo. E é com o melodrama em andamento que o mesmo grupo chega ao teatro e sobe ao camarote. Personagens e público novamente confraternizam: são todos espectadores do melodrama projetado.

Se, ao começar a peça, o Diretor Hinkfuss e os espectadores-atores, personagens da situação-moldura, haviam arrastado a plateia para o plano ficcional como realidade de segundo grau, agora, a plateia é deslocada para um plano ainda mais profundo, para uma realidade — pode-se dizer — de terceiro grau, e habita o mesmo registro virtual dos personagens do conto.

Mas é por meio de uma terceira desestabilização que a plateia é denunciada para si mesma e revelada em sua função dramática.

Com o final do primeiro ato do melodrama (projetado no palco), sobrevém o intervalo — que coincide com o intervalo da situação-moldura, ou seja, do improviso — e parte do público desloca-se para o *foyer*, onde os personagens, em duplas ou trios, encenarão quatro cenas simultâneas em quatro lugares diferentes. A cena que interessa ocorre entre Rico Verri e Mommina, protagonistas do conto:

> *Mommina* [...]: O que foi?
> *Verri* [...]: Eu? Nada. [...]
> *Mommina*: Então por que está assim?

> *Verri*: Não sei. Só sei que se ficasse um pouco mais naquele camarote, acabava cometendo uma loucura.
> *Mommina*: Não posso mais suportar esta vida.
> *Verri* [...]: Percebeu agora?
> *Mommina*: Fique quieto, por caridade! *Todos os olhares estão voltados para nós.*
> *Verri*: É bem por isto! É bem por isto!
> *Mommina*: Cheguei a um ponto em que quase não sei mais me mover nem falar.
> *Verri*: *Gostaria de saber o que tanto têm para olhar, e por que ficam escutando o que dizemos entre nós.*
> *Mommina*: Fique bonzinho, faça-me o favor, não os provoque!
> *Verri*: Não estamos aqui como todos os outros? *O que estão vendo em nós de estranho neste momento, para ficarem olhando assim?* Eu me pergunto como é possível.
> *Mommina*: [...] Olhe lá, também ao redor de minhas irmãs, e lá em volta de mamãe.
> *Verri*: *Como se a gente estivesse aqui dando um espetáculo!*
> *Mommina*: É mesmo![38]

Se há razões intrafabulares para os personagens se incomodarem com o público — a paranoia do ciumento Verri, o conhecido passado de Mommina com um oficial -, estas coincidem com razões dramáticas. O público do drama, ao ser refletido pelos personagens, descobre-se em seu traço *voyeur*, indiscreto, ansioso, insaciável por consumir a desdita alheia e suas complicações.

Pode-se objetar que *Seis personagens à procura de um autor* não poderia se comparar a *Esta noite se representa de improviso*, no que tange à contundente participação da plateia na situação dramática. Todavia, ainda que mantenha um posto distanciado da trama, a plateia de *Seis personagens* é espelhada criticamente na relação que se estabelece entre o grupo dos reais e o grupo dos ficcionais, ou seja, quando uns se expõem à avaliação dos outros.

A investigação da função da plateia por meio dos personagens não é, contudo, privilégio de Pirandello, ainda que sua abordagem seja a mais direta. Antes dele, Diderot o fizera, em *O filho natural*, e depois dele, Samuel Beckett explorará as possibilidades de estranha-

---

[38] PIRANDELLO, Luigi. *Esta noite se representa de improviso*, in PIRANDELLO, Luigi. *Pirandello: do texto no teatro*, J. Guinsburg, org., op. cit. pp. 272-273; os itálicos são meus.

mento correlatas, sobretudo em obras como *Esperando Godot, Dias felizes, Peça* e *Eu não*.

1.2. O filho natural

Le Fils Naturel, ou Les Épreuves de la vertu. Comédie en cinq Actes, et en Prose, avec L'Histoire véritable de la Pièce (1757), de Denis Diderot, é uma obra singular que "hesita entre o teatro, o ensaio e o romance":[39] uma peça de teatro (*O filho natural*) e três ensaios em forma de diálogo (*Dorval e eu*) aparecem coordenados em uma estrutura narrativa.

O conjunto peça-conversas[40] inicia-se ao modo romanesco:

> O sexto volume da Enciclopédia tinha acabado de ser publicado e eu tinha ido buscar no campo repouso e saúde, quando um acontecimento, tão interessante pelas circunstâncias quanto pelas pessoas envolvidas, tornou-se o assombro e o tema de todas as conversas do lugar.[41]

Um narrador — duplo biográfico de Diderot — que se denomina "Eu", anuncia, em um prólogo, seu encontro com Dorval. Dorval — duplo filosófico de Diderot — apresenta para o interlocutor uma peça de teatro autobiográfica (transcrita na obra) e, nos dias seguintes, os dois conversam sobre ela, lançando as bases teóricas para um gênero teatral, intermediário entre a Comédia e a Tragédia, o Gênero Sério.[42] O conjunto encerra com um pequeno parágrafo epilogal.

---

[39] Definição de Franklin de Mattos no ensaio "Enorme, bárbaro, selvagem", in DIDEROT, Denis. *Discurso sobre a poesia dramática*. São Paulo: CosacNaify, 2005.

[40] A expressão "conjunto peça-conversas", empregada por Fátima Saadi no comentário de sua tradução de *O filho natural*, será adotada aqui para nomear a obra compósita e diferenciá-la da peça de teatro. SAADI, Fátima. "Nota sobre a tradução", in DIDEROT, Denis. *Obras V, O filho natural*, Fátima Saadi (trad. e notas); J. Guinsburg (org.). São Paulo: Perspectiva, 2008.

[41] DIDEROT, Denis. *Obras V, O filho natural*, Fátima Saadi (trad. e notas); J. Guinsburg (org.). São Paulo: Perspectiva, 2008, p. 27.

[42] Na terceira Conversa sobre *O filho natural*, lê-se que a peça *Hécira*, de Terêncio, seria um exemplo de Gênero Sério, pois nela não há do que rir e nada com que se aterrorizar. A constatação, contudo, não desqualifica a novidade da proposta para a época, uma vez que Diderot aprimora sua abrangência com inovações temáticas e estéticas. DIDEROT, Denis. *Obras V, O filho natural*, op. cit., p. 150.

A indefinição estilística da obra, contudo, não se detecta apenas pela aglutinação dos três modos literários — romance, peça, ensaio — em um único corpo, mas pela maneira como esses modos se apresentam desindividualizados. Essa desindividualização é constatada ao analisar-se o emprego das rubricas, que vacilam formal e funcionalmente entre a didascália e a descrição romanesca.[43] Lê-se logo ao início da peça:

> [*Dorval*] tira *o relógio do bolso e diz:*
> Seis horas ainda.
> *Joga-se sobre o outro braço da poltrona, mas de novo logo se levanta e diz:*
> Não vou dormir.
> *Pega um livro, abre ao acaso, fecha quase imediatamente, e diz:*
> Estou lendo sem prestar ao menos atenção.[44]

Se na transcrição da peça notam-se intromissões romanescas — os dois pontos antecedendo uma fala -, também na composição das três Conversas, o modo híbrido se manifesta. A coexistência da enunciação dramática (precedida do nome do personagem) e da romanesca (anunciada pelos dois pontos) revezam-se:

> Dorval experimentava naquele instante o estado que estava descrevendo. [...] Logo me perguntou, como alguém que despertasse de um sono profundo: "O que foi que eu disse? O que é que tinha para lhe dizer? Já não me lembro".

> Eu — Algumas ideias que a cena de Clairville desesperado havia sugerido ao senhor a propósito das paixões, de sua inflexão, da declamação, da pantomima.

> Dorval — A primeira dela é que não se deve fazer personagens espirituosos, mas colocá-los em circunstâncias que os tornem espirituosos.[45]

---

[43] "A mescla entre a convenção teatral e a romanesca fica bastante nítida na estruturação das *Conversas*, que alternam diálogos e intervenções que tanto podem ser lidas como rubricas teatrais quanto como interferência de um narrador num romance", explica Fátima Saadi. SAADI, Fátima. "Nota sobre a tradução", in DIDEROT, Denis. *Obras V, O filho natural*, op. cit, p. 19.
[44] DIDEROT, Denis. *Obras V, O filho natural*, op. cit., p. 34.
[45] Idem, p. 117.

Em perspectiva histórica, portanto, pode-se falar da indefinição formal do conjunto peça-conversas como resultado do uso de um dispositivo novo — as rubricas -, essencial para o autor patentear seu programa dramático e distingui-lo do teatro clássico. Do ponto de vista estético, porém, a indefinição formal parece servir eficazmente para a criação de um indivisível corpo artístico-crítico.

Diderot, porém, propõe um novo ramo dramático, o Gênero Sério, sem inaugurar com ele uma tradição formal. É prática corrente dos dramaturgos publicarem suas obras precedidas ou seguidas de apêndices teóricos. Tome-se como exemplo nomes tão diversos como Beaumarchais, Strindberg e Pirandello. A presença de um prefácio ou posfácio crítico, porém, não torna a publicação desses autores similar à de Diderot. O iluminista integra drama e corolário crítico a um corpo romanesco, construindo uma obra única em sua espécie.

Portanto, não é a presença do prefácio o que aproxima Pirandello do autor iluminista. Aquilo que os distingue de outros dramaturgos, e ao mesmo tempo os aproxima, é o fato de justificarem a criação de suas obras por meio de uma fábula: um personagem (ou mais de um) solicita a escritura da obra; um personagem (ou mais de um) participa de sua elaboração. Como nota Jean-Pierre Sarrazac em *Poétique du drame moderne*, "a criação de um mito literário fundado sobre a visitação de um personagem ou de um conjunto de personagens" a um autor é experiência comum a Diderot e Pirandello; "nos dois casos, o contrato consiste em transformar em obra de arte um drama vivido".[46]

Segundo a fábula de origem da peça *O filho natural*, Dorval a escreve encorajado pelo pai, Lysimond, a fim de que se registre para as futuras gerações da família o ensinamento: "Tudo o que sabemos é que, à medida que a vida vai passando, escapamos à maldade que nos persegue".[47] Trata-se de lição extraída de uma experiência-

---

[46] SARRAZAC, Jean-Pierre. *Poétique du drame moderne – de Henrik Ibsen à Bernard-Marie Koltès*. Paris: Seuil, 2012, p. 22.
[47] DIDEROT, Denis. *Obras V, O filho natural*, op. cit., p. 29.

-limite, recente e "real" que, por pouco, não leva os envolvidos à traição e ao incesto.

A história é a seguinte: Dorval apaixonou-se por Rosalie, noiva de seu melhor amigo, Clairville, mas, fazendo triunfar a virtude e a amizade sobre a paixão, evitou não apenas a traição, como também o incesto, pois, com a chegada do pai de Rosalie do exílio, revelou-se que Dorval e ela eram irmãos. Rosalie, então, casa-se com Clairville, e Dorval com a irmã do amigo.

O intento do velho Lysimond ao encomendar a peça, portanto, é inaugurar um ritual doméstico. O texto a ser escrito por Dorval deveria ser encenado anualmente, a princípio pelos próprios envolvidos na trama e, com o tempo, por seus filhos e netos, visando a esclarecer sobre os perigos do destino e a recompensa da virtude.

A realização do projeto paterno, contudo, acaba por alterá-lo de variadas maneiras.

1) DO RITO PRIVADO À ARTE DO ATOR

"*A* peça está pronta — lamenta Dorval para "Eu" -, *mas* aquele que a encomendou não está mais aqui".[48] Dorval, que abandonara a ideia de representar o texto depois da morte de Lysimond, é convencido, no entanto, pelos outros personagens da trama, a honrar a vontade paterna. Para substituir o falecido na encenação, convidam um amigo da família e, assim, o caráter estrito de psicodrama familiar[49] sofre um pequeno desvio teatral. Ocorre que o substituto do pai, investindo-se da arte do ator, entra em cena com tamanha propriedade que leva todos ao pranto. E a apresentação, diversamente do esperado, não se conclui.

---

[48] Idem, p. 30.
[49] Como diz Béatrice Didier com humor: "a representação de *O filho natural* constituiria um psicodrama familiar, uma psicanálise de grupo, antes da hora". DIDIER, Béatrice. *Diderot, dramaturge du vivant*. Paris: PUF, 2001, p. 45.

2) DO RITO PRIVADO AO TESTEMUNHO PÚBLICO

E, de fato, ao conjunto peça-conversas falta a última cena do drama. E como a obra inteira constrói-se como narração testemunhal de "Eu", se a peça é interrompida, o "Eu" também a interrompe em seu relato. Eis, portanto, outra mudança significativa no projeto original: a apresentação, que deveria ser privada, realiza-se na presença de um estranho.

Quando Dorval convida "Eu" para assistir à inauguração do pretendido rito familiar, pede que o faça discretamente. Sendo assim, "Eu" acompanha a história atrás de uma cortina. Ao mesmo tempo em que o caráter doméstico da celebração é maculado, curiosamente, a sala burguesa é autorizada como matéria teatral. Fátima Saadi explica que:

> [Diderot], por meio de seu *alter ego* e personagem Dorval, tenta subtrair a representação ao caráter convencional dominante na época, propondo para ela um novo *locus* — o salão da família burguesa — e novos atores — as pessoas com quem a história aconteceu.[50]

Contudo, ao introduzir um estranho na celebração privada, o autor reverte o jogo e

> devolve o ritual à cena, entronizando os conflitos familiares no santuário profano do teatro, considerado, no século XVIII, como a mais pública das diversões.[51]

Ao transportar a família burguesa[52] para o palco, Diderot inverte os polos, tornando público e admirável o templo privado.

---

[50] SAADI, Fátima. "Nota sobre a tradução", in DIDEROT, Denis. *Obras V, O filho natural*, op. cit, p. 16.
[51] Idem, ibidem.
[52] Pode-se objetar que as famílias de *O filho natural* e também de *O pai de família* (1758) são a pequena nobreza e não burguesia. Mas, como explica Szondi, com "Diderot a burguesia triunfa na medida em que pode admirar o seu próprio caráter social na nobreza aburguesada". SZONDI, Peter. *Teoria do drama burguês* [século XVIII], Luiz Sérgio Rêpa (trad.). São Paulo: CosacNaify, 2005, p. 125. E completa: "O século XVIII é o século não só da burguesia, mas também do aburguesamento – de um processo de igualização que começou muito antes de a guilhotina operá-lo violentamente na última década". Idem, p. 109.

Detecta-se, além disso, um empenho do autor em aproximar palco e plateia, por meio de vários expedientes de identificação, como o respeito à verossimilhança, a substituição de golpes teatrais por quadros, maior naturalidade na elocução e nos gestos, e maior veracidade em figurinos e cenário.[53]

Intermediário entre a Tragédia e a Comédia, o Gênero Sério é experimentado por Diderot tanto como tragédia doméstica e burguesa, em *O filho natural*,[54] quanto como comédia séria em *O pai de família* (1758). Nota-se que, se as peças não ilustram perfeitamente a teoria do novo gênero, servem-lhe, porém, como contraponto crítico. Como diz Didier, a respeito de *O pai de família*:

> A peça não decorre da teoria, ela não é sua ilustração: [...] sobre muitos pontos, ao contrário, ela se afasta dos princípios enunciados nas conversas, servindo a elas mais como trampolim crítico.[55]

As duas obras, aliadas a seus programas estéticos — "Conversas sobre *O filho natural*" e *Discurso sobre a poesia dramática*[56] -, fizeram do autor o mais importante teórico do Drama Burguês,[57] ainda que o empenho reformador encontre exemplos anteriores em dramaturgos continentais como Destouches e Landi, ou insulares como Lillo e Moore.[58]

3) DA VERDADE DOS FATOS À VERDADE DRAMÁTICA

Se o Drama Burguês inova em tema e procedimentos cênicos, mantém, no entanto, expedientes dramatúrgicos clássicos. As três

---

[53] Assim, o Gênero Sério é proposto por Dorval/Diderot: "Faça comédias no gênero sério; faça tragédias domésticas e tenha certeza de que lhe estão reservados aplausos e imortalidade. Sobretudo, deixe de lado os golpes teatrais. Procure quadros [*tableaux*]; aproxime-se da vida real e tenha, antes de mais nada, um espaço que permita o exercício da pantomima em toda a sua amplitude". DIDEROT, Denis. Obras V, O filho natural, op. cit., p. 161.

[54] DIDIER, Béatrice. *Diderot, dramaturge du vivant*, op. cit., p. 47.

[55] Idem, ibidem.

[56] DIDEROT, Denis. Discurso sobre a poesia dramática. São Paulo: CosacNaify, 2005.

[57] Assim avalia Szondi: "[...] Diderot, cuja importância para a história do drama burguês como autor de duas peças, *O filho natural* e *O pai de família*, e de vários escritos teóricos sobre o novo gênero não é superada pela de nenhum outro – certamente também fora da França [...]". SZONDI, Peter; *Teoria do Drama Burguês*, op. cit, p. 91.

[58] DIDIER, Béatrice. *Diderot, dramaturge du vivant*, op. cit., pp. 19-20.

unidades, a abertura dialógica e o presente perene não são contestados. Para Diderot, os recursos dramáticos são inquestionáveis e, no conjunto peça-conversas, defendidos, inclusive, pelos próprios personagens.

Entenda-se como mais uma alteração no projeto original paterno o fato de que Dorval, incumbido da escrita da peça, não a tenha finalizado sozinho, mas em colaboração com os demais envolvidos na trama. Após redigir uma primeira versão da história, entrega o texto a seus pares, considerando que, por meio de revisão e acréscimos, pudesse dispor de uma forma mais verdadeira:

> Dorval — [...] quando a obra ficou pronta, mostrei-a a todos o personagens para que cada um acrescentasse ou suprimisse o que achasse necessário, retratando-se assim de forma ainda mais verdadeira. Mas aconteceu uma coisa que eu não esperava e que, contudo, é muito natural. É que eles, atendo-se mais à situação presente que ao passado, num dado ponto, suavizaram a expressão, em outro, atenuaram um sentimento; mais adiante, justificaram um incidente.[59]

A participação dos personagens na redação do texto confere à obra de Diderot um acento pirandelliano *avant la lettre*,[60] mas com os sinais trocados. Em Pirandello, a representação da tragédia é impossível, pois cada personagem, evocando sua própria dor e versão da história, não consegue conciliá-la com a dos demais. Em Diderot, pelo contrário, o fato trágico congrega harmonicamente versões "suavizadas".

4) DO RITO PRIVADO À PUBLICAÇÃO DA OBRA

O conjunto peça-conversas retrata, assim, uma espécie de corrente na requisição da escritura do texto iniciada por Lysimond e concluída por Diderot. Lysimond solicita que Dorval escreva a história, e Dorval que os personagens o auxiliem, e o projeto conta,

---

[59] DIDEROT, Denis. *Obras V, O filho natural*, op. cit, p. 104.
[60] "Esta participação suposta dos personagens na criação do texto é um dos aspectos mais interessantes das Conversas, pode-se dizer, pirandellianos antes da hora [...]". DIDIER, Béatrice. *Diderot, dramaturge du vivant*, op. cit., p. 52.

[163]

no final, com a transcrição dramático-romanesco-ficcional de "Eu"/ Diderot. Dessa foram, conclui Sarrazac:

> Diferentemente de Pirandello, o autor de *O filho natural* (1757) apressou-se em aceitar a demanda do assim chamado Dorval e tornar-se o escriba do drama familiar daquele.[61]

Eis, portanto, a última alteração ao projeto de Lysimond: a publicação do conjunto peça-conversas. A peça não apenas perde seu caráter ritual e doméstico com a presença de "Eu", mas, ao ser transcrita e anexada às conversas, ao ser publicada, transforma-se em programa filosófico para um novo teatro.

***

Seis personagens à procura de um autor e *O filho natural* compartilham, como se disse, de um mesmo mito de origem: personagens solicitam a transcrição de seu drama familiar para a forma literária. A origem comum, no entanto, enseja diferentes desdobramentos.

Enquanto Pirandello rejeita a demanda dos seres ficcionais e os impede de ter sua história formatada dramaticamente, Diderot, por meio de seus duplos, pode escrevê-la, discuti-la e publicá-la.

Quatro anos após o lançamento de *Seis personagens*, Pirandello acrescenta-lhe um prefácio, no qual esclarece sobre a gênese, singularidade e o propósito filosófico da obra. A peça, entretanto, defende-se sozinha. *Seis personagens* é um texto ao mesmo tempo fabular e crítico, e pode ser qualificado como metateatral. *O filho natural*, por sua vez, só granjeia importância crítica quando inserido no conjunto peça-conversas. Nesse contexto, contribui para a visada reformadora de Diderot. A peça tomada isoladamente não constitui nem mesmo um exemplo perfeito do Gênero Sério.

Os personagens, num caso e no outro, são porta-vozes de seus autores. Contudo, enquanto Diderot desdobra-se em dois — Dorval e "Eu" -, multiplicando por meio desse recurso as vozes que defenderão suas ideias sobre o Gênero Sério, os personagens rejeitados de

---

[61] SARRAZAC, Jean-Pierre. *Poétique du drame moderne – de Henrik Ibsen à Bernard-Marie Koltès*, op. cit., p. 22.

Pirandello ajudam-no a problematizar o teatro tradicional. Como explica Sarrazac:

> [Diderot] pode retranscrever fielmente o drama tal e qual Dorval lhe relatou; [Pirandello] fingindo descartá-lo, põe em cena a impossibilidade de unificar em um só drama seus testemunhos parciais e tendenciosos, seja em palavras, seja em atitudes gerais, os seis que se apresentaram a ela. Não se trata mais de reformar o drama, trata-se de constatar um estado crítico do drama — da caducidade da forma dramática em sua concepção aristotélico-hegeliana.[62]

Diderot toma, portanto, os personagens como colaboradores na reinvenção da Dramática; Pirandello usa-os para enterrá-la.

Lembre-se ainda que, com Diderot, instaura-se uma profícua tradição teatral, o drama familiar. Como explica Szondi:

> [...] Diderot faz da *tragédie domestique et bourgeoise* a exposição e a defesa da pequena família burguesa e sentimental, como utopia real, em cujo isolamento o burguês desprovido de direitos pode esquecer sua impotência na monarquia absoluta e, apesar de tudo, certificar a impressão de que a Natureza Humana é boa.[63]

Contudo, "o que Diderot tem por bem supremo, o único lugar em que o ser humano pode ser feliz, perverte-se gradativamente até tornar-se o inferno".[64] A família distópica, que o teatro contemporâneo propaga, serve como denúncia de uma sociedade que se aburguesou, ao mesmo tempo em que força mudanças no cânone clássico. Tome-se como exemplo *O pai*, de Strindberg, drama com acentos expressionistas em que a família não é acolhedora, mas se configura como "estranha"; ou *As três irmãs* de Tchékhov, cuja inércia de um grupo social sem *locus* reflete-se na completa falta de ação dramática; ou em *Volta ao lar*, de Pinter, que recorre ao diálogo sem os limites do decoro; ou, ainda, em *Fim de partida*, de Beckett, em que os patriarcas são relegados a latas de lixo, num drama desde o começo esgotado, mas sinistramente renitente. Tome-se também

---

[62] Idem, p. 23.
[63] SZONDI, Peter. *Teoria do drama burguês [século XVIII]*, op. cit., p. 123.
[64] Idem, ibidem.

como exemplo *Seis personagens*, de Pirandello, que encena a impossibilidade do drama em sua época.

O filho natural e *Seis personagens à procura de um autor* tematizam um quase caso de incesto, mas, em Diderot, as consequências da tragédia evitada é a redação de uma peça teatral e a inauguração de um rito familiar, enquanto, na peça de Pirandello, as consequências envolvem morte e suicídio de duas crianças.

Em *O filho natural*, Diderot, por meio de seu duplo "Eu", pode confraternizar com os personagens ao final da obra (refiro-me ao conjunto peça-conversas), que encenarão dali para frente sua quase tragédia como celebração de um aprendizado. Em *Seis personagens*, ao contrário, o autor, rejeitando as emanações de sua fantasia, condena-as a assombrar outros artistas e, assim, a ter de expor-se dolorosamente, revivendo sua tragédia infinitamente.

Mais do que rejeitar os personagens, Pirandello rejeita sua história. A fábula com a qual eles o abordam não é adequada a seus propósitos filosóficos (o que é explicado no prefácio), e mostra-se problemática como matéria dramática. A história dos seis familiares, com a ação forte no passado e um final tão trágico quanto abrupto, remete aos dramas analíticos de Ibsen, que Pirandello não parece interessado em imitar. Contudo, o dramaturgo dá sobrevida aos personagens, tematizando a impossibilidade de seu drama. Sua história espelha um modo existencial do homem moderno (atravessado por solidão, alienação, solipsismo, comandos inconscientes e passados) não permeável ao drama.

Sem pretender-se reformadora, a obra de Pirandello, no entanto, critica o drama, expondo, por meio do confronto entre personagens e atores/diretor, sua impossibilidade e obsolescência.

Com visada mais ambiciosa, Diderot busca, por meio de sua obra, operar uma revolução estética. Propõe inovações cênica (cenários e figurinos mais naturalistas) e elocutório-gestual (linguagem menos literária, valorização da pantomima). Se, no *Discurso sobre a poesia dramática*, o filósofo sugere o respeito à quarta parede,[65] estimu-

---

[65] Diderot admoesta os atores a representar do seguinte modo: "Tenho notado que o ator desempenha mal tudo aquilo que o poeta compôs para o espectador. E que, se fizesse seu papel, a plateia diria ao

lando o intérprete a ignorar a plateia durante a representação, esse efeito ilusionista busca estreitar a distância entre palco e público. Valendo-se de recursos naturalistas e ilusionistas, a identificação alcançada por Diderot, porém, é de ordem social, pois a burguesia ou os aburguesados podem se reconhecer no palco.

Em *Seis personagens à procura de um autor*, representa-se também com a quarta parede interposta entre palco e plateia, mas a identificação entre as duas esferas ocorre no registro funcional. É a função da plateia, enquanto observadora, que é espelhada no palco. A plateia vê-se, e pode reconhecer-se, ao observar os atores assistindo aos personagens, ou, inversamente, os atores sendo observados e julgados pelos personagens. Com *Esta noite se representa de improviso*, porém, o espelhamento torna-se mais incisivo, mais provocador, e a plateia pode perceber-se a si mesma em seu aspecto bisbilhoteiro, uma vez que os personagens pontuam seu incômodo ao sentirem-se observados.

Refletida na encenação, a plateia é posta em questão, e não exatamente por conta de sua passividade, mas por conta de seu traço *voyeur*, que apenas com Beckett revelará também um viés perverso.

1.3. *Esperando Godot, Dias felizes, Comédia* e *Eu não*

Detecta-se, em textos como *Esperando Godot* (1952), *Dias felizes* (1961), *Comédia* (1962) e *Eu não* (1973), senão uma quebra explícita da quarta-parede, pelo menos um desconcertante revelar-se da plateia para o palco. Os personagens — e não os atores — entreveem (ou muito rapidamente ou intermitentemente e de modo difuso) a plateia. Esses momentos de (quase) descoberta perturbam o fluxo dramático, pois rompem o ilusionismo, criando um mal-estar que se impõe como exigência de reflexão.

personagem: 'Que queres? Não estou aqui. Por acaso me intrometo em tua vida? Vai para casa'; e o autor, se fizesse o seu, deixaria os bastidores e responderia à plateia: 'Perdão, senhores, a culpa é minha; na próxima vez farei melhor, e eles também'.
Assim, quer compondo quer representando, não penses no espectador, é como se ele não existisse. Imagina no proscênio uma grande parede que te separa da plateia e representa como se cortina não subisse". DIDEROT, Denis. *Discurso sobre a poesia dramática*, op. cit., p. 79.

[167]

Em *Esperando Godot*, por exemplo, além do comentário afrontoso de Vladimir "[...] todo este lodaçal", feito na direção do público, comparece também um modo mais delicado e brando de trazer a plateia para o palco. Brando, porém imperativo, pois, se a plateia é deslocada para dentro da história, é preciso refletir sobre seu papel.

No segundo ato, depois da saída de Pozzo e Lucky, e enquanto observa Estragon dormir, Vladimir monologa um triplo raciocínio que identifica hábito e inconsciência, contrapondo-os a desespero:

> Será que dormi, enquanto os outros sofriam? Será que durmo agora? Amanhã, quando pensar que estou acordado, o que direi desta jornada? Que esperei Godot com Estragon, meu amigo, neste lugar, até o cair da noite? Que Pozzo passou por aqui, com o seu guia, e falou conosco? Sem dúvida. Mas quanta verdade haverá nisso tudo? (Tendo pelejado em vão com as botas, Estragon volta a se encolher. Vladmir o observa) Ele não saberá de nada. Falará dos golpes que sofreu e lhe darei uma cenoura. (Pausa) Do útero para o túmulo e um parto difícil. Lá do fundo da terra, o coveiro ajuda, lento, com o fórceps. Dá o tempo justo de envelhecer. O ar fica repleto de nossos gritos. (Escuta) Mas o hábito é uma grande surdina. (Olha para Estragon) Para mim também, alguém olha, dizendo: ele dorme, não sabe direito, está dormindo. (Pausa) Não posso continuar. (Pausa) O que foi que eu disse?[66]

Assim como observa Estragon dormir, haverá, de acordo com Vladimir, alguém que o está observando no mesmo estado. E mais, alguém que também, como ele, não fará questão de alertar sobre o desespero de uma realidade refugiada no hábito/inconsciência. E se este alguém for a plateia, como tudo indica, o ciclo habitual pode ser rompido.

Mas não o é totalmente. Vladimir, que poderia ter revelada (seguindo o fio de seu raciocínio) sua realidade ontológica — o ser personagem preso às regras do palco e eternamente diante do mudo escrutínio da plateia -, simplesmente apaga toda a reflexão desfiada até ali com um "O que foi que eu disse?", e volta a comprometer-se com a espera por Godot.

---

[66] BECKETT, Samuel. *Esperando Godot*, Fábio de Souza Andrade (trad). São Paulo: CosacNaify, 2005, p. 186.

A plateia, no entanto, abduzida de seu posto habitual (fora do palco e invisível), e introduzida à fábula, ainda que por um átimo, não pode voltar atrás. Submetidos à derrisão, em proposta abertamente crítica, elementos dramáticos, como causalidade (as ações dos personagens não têm consequências) e desfecho (a peça é cíclica), revelam em *Esperando Godot* sua obsolescência. Do mesmo modo, problematizada, a plateia deve encontrar um novo lugar, em um novo teatro.

Enquanto esse lugar não se oferece claramente, mais desestabilizações são testadas. Em *Dias felizes*, a personagem Winnie, enterrada até a cintura num aclive desertificado, narra o episódio em que um casal, Cooker ou Shower (ela não recorda exatamente o nome), passa diante dela, constrangendo-a com seu assombro e interrogações.

O assombro do casal espelha o da plateia. Todos querem decifrar a imagem poderosa e incongruente sobre o palco. Cada vez mais estático, o teatro de Beckett explorará, de muitas maneiras, a dinâmica entre imagem e discurso. Nessa peça, será o contraste entre a imagem da mulher soterrada e seu discurso prosaico, cotidiano, que intrigará o casal Cooker/Shower.[67]

Mas para além do espelhamento entre o casal citado e o público, acontece, em *Dias felizes*, o mesmo deslocamento detectado em *Esperando Godot*: a plateia é conduzida de seu posto habitual para dentro do palco. "Sensação estranha — diz Winnie — de que alguém está me observando. Estou no foco, depois embaçada, nítida novamente, depois embaçada, e assim por diante, indo e vindo, passando e repassando no olho de alguém"[68]. Na intermitência do piscar dos olhos, ou no empenho mental para a significação, que oscila entre sentido e não sentido, Winnie se percebe situada e, ao fazê-lo, revela a presença da plateia para a plateia. Ou, em outra variante, questiona a função da plateia para a própria plateia.

---

[67] Nota-se que estes são nomes inspirados nos verbos alemães *gucken* e *schauen* – olhar; Zuschauer, inclusive, é a palavra alemã para espectador.
[68] BECKETT, Samuel. Dias Felizes, Fábio Souza Andrade (trad). São Paulo: CosacNaify, 2010, p. 49.

Essa função e o problema dessa função tornam-se, com *Comédia* e *Eu não*, mais explícitos.

Comédia mostra como um refletor-inquisidor extrai confissões de três personagens ao iluminá-los — homem, mulher1 e mulher2. Eles estão confinados em jarros (funerários), tendo apenas as cabeças para fora. A imagem cênica de morte e petrificação contrasta com as falas proferidas de modo vertiginoso. A peça está divida em dois momentos: a rememoração da mecânica — repleta de clichês — de um triângulo amoroso; e o esgotamento dos discursos dos personagens, levados pelo refletor-inquisidor ao limite de suas confissões, momento em que começam a se reportar diretamente ao inquisidor.

O refletor, ou "olho sem mente" (como o designa homem), espelha a função dos espectadores e revela conjuntamente sua irracionalidade e crueldade. Na época da crise do drama ou de sua superação, a função da plateia no jogo cênico entra em crise ou se transforma. A irracionalidade, nesse caso, deve ser compreendida como o exercício habitual (inquestionado) de um certo comportamento dramático — postar-se no escuro confortavelmente com a proteção da quarta-parede — e de uma certa expectativa dramática — que os personagens se exponham totalmente, permitindo que a peça encerre um significado. Beckett problematiza o hábito do drama, característico de um público, paradoxalmente, situado na época de sua superação.

A crueldade manifesta-se como consequência da irracionalidade (ou modo habituado de fruir a experiência cênica). O público dos tempos do drama, pela fisicalidade que compartilha com os personagens sobre o palco, é meio *voyeur*: mantém, com aqueles que observa, uma relação de mão única, pois estes não se sabem observados em ações de natureza privada. A plateia beckettiana, entretanto, é provocada e revelada em sua crueldade. Está além do voyeurismo, e é mostrada cada vez mais em sua inclinação para a tortura. Pois é a presença do público e suas expectativas dramáticas que constrangem e forçam os personagens a se exporem, ainda que não queiram e que não possam.

Eu não ilustra esse mecanismo radicalmente. O confinamento de Vladimir e Estragon ao palco reitera a função do personagem no jogo teatral (preso ao espaço cênico). O soterramento de Winnie, que acaba por reduzi-la a uma cabeça falante, resume o crânio e a fala como focos dramáticos. Assim também ocorre com as cabeças de *Comédia*. Os progressivos tolhimento e mutilação dos personagens, contudo, chegam a sua forma mais completa com *Eu não*, peça na qual uma boca, desmembrada do corpo e flutuando a três metros do chão, expele frases fragmentadas (mutiladas como ela).

Os fragmentos de frases lançados em jorro pela boca não compõem uma história, mas descrevem, em *flashes*, eventos da vida de uma mulher: nascimento prematuro, pais desconhecidos, convívio com outras crianças órfãs, depoimento em um tribunal, compras no mercado, mudez continuada até os 70 anos, quando tudo fica escuro e inexplicavelmente as palavras começam a jorrar de sua boca, sem controle e sem sentido.

Esta não história pode ser dividida em dois registros: aquele que dá conta dos eventos ocorridos antes de a boca começar a falar; e aquele que a descreve falando no escuro, incomodada por um raio ou lume de intensidade lunar, perseguida por um zunido incessante em seus ouvidos e crânio, e confrontada por um olhar fixado em sua direção, que a faz morrer de vergonha.

Os eventos aludidos, anteriores à verborragia, são intangíveis e não podem ser comprovados como memória nem classificados como pura imaginação. No entanto, a descrição da boca sobre si mesma em estado verborrágico recebe o reforço da cena. O público percebe que aquilo que ele vê sobre o palco coincide com o que é falado: a boca afirma que está no escuro, e verifica-se que ela está no escuro do teatro; ela declara divisar um raio de luz ou lume lunar, e o que se testemunha é sua aparição sob o foco preciso de um refletor; ela reclama de um zunido, e este pode ser atribuído à presença da plateia, à resistência do refletor ou à audição de sua própria voz; a boca relata que a olham fixamente, e está, de fato, sob a vigilância da plateia; ela confessa sentir vergonha, e a condição de qualquer ser sobre o palco dramático é expor-se ou confessar-se inteira e inelutavelmente.

Como nas peças citadas, *Eu não* confronta o público em seu papel dramático. A boca incontinente e envergonhada mostra-se escrava de uma mecânica cuja essência é estar obrigado a revelar-se. Se um olhar a fixa, é imperativo que ela "trabalhe". A situação fica mais explícita, sobretudo, caso se lembre que há um outro personagem no palco fazendo a mediação com a plateia e espelhando-a. O personagem, chamado Ouvinte, ouve e assiste a boca, também expressa, com um gesto de braços, sua "impotente compaixão".[69]

Tal gesto é acionado toda a vez em que a boca, no exercício de sua fractonarrativa, recusa-se a assumir-se como sujeito do próprio relato, duplicando a impaciência da plateia. Afinal, para que o jogo dramático aconteça, é necessário que o personagem se exponha a si mesmo — ainda que não queira, não possa, não entenda e pareça sofrer com isso.

***

Lembre-se ainda que, em *Companhia*, a Voz, que se expressa em segunda pessoa, afeta insistentemente o leitor, que pode estar lendo o livro, deitado no escuro, do mesmo modo que o alvo da elocução é descrito pelo narrador: "a alguém deitado de costas no escuro uma voz conta de um passado".[70] Se, nesse caso, não acontece a quebra da quarta parede — exclusividade dramática -, quebra-se, no entanto, a convenção secular que o romance tem adotado desde o século XIX,[71] depois de abandonar o estilo mais saliente detectado nos narradores do século XVII, como Sterne e Fielding.

---

[69] . BECKETT, Samuel. *Samuel Beckett – The Complete Dramatic Work*. London: Farber and Farber, 1990, p. 375. Nota-se, contudo, que a rubrica original da peça, que prescreve que o Ouvinte eleve as mãos em gesto de compaixão, é substituída por Beckett, quando este dirigiu Eu não em 1978: em vez de elevar os braços, Beckett pediu que o ator cobrisse a cabeça com as mãos em desespero, como se não pudesse mais ouvir aquela verborragia. BRATER, Enoch. *Beyond Minimalism: Beckett's Late Style in the Theater*. New York: Oxford Press, 2013, p. 34.
[70] BECKETT, Samuel. *Companhia e outros textos*, Ana Helena Souza (trad.). São Paulo: Globo, 2012, p. 27.
[71] WATT, Ian. *A ascensão do romance: estudos sobre Defoe, Richardson e Fielding*, Hildegard Feist (trad.). São Paulo: Companhia das Letras, 2010.

2. EFEITO DE IMERSÃO: *ROCKABY* E *IMPROVISO DE OHIO*

Não é monopólio brechtiano o conceito e emprego artístico do *Verfremdungseffekt* (efeito de distanciamento ou estranhamento). Ele vigora no cerne do programa formalista (russo), e, segundo Anatol Rosenfeld, fora já meditado pelos clássicos Racine e Schiller.[72] Sujeito aos propósitos de cada época e de cada pensador — singularizar a percepção, desmontar um mecanismo ideológico etc. -, esse efeito de estranhamento encontra na obra de Samuel Beckett uma manifestação singular.

Como foi visto anteriormente, o estranhamento é alcançado quando a plateia, por meio da quebra momentânea da quarta parede, é denunciada para ela mesma em sua função obsoleta (com expectativas dramáticas, em um teatro não mais dramático) e crueldade inconsciente (responsável pela obrigação do personagem se confessar). A quebra da quarta parede poderia, inclusive, permitir aos personagens assumir sua natureza ficcional, não fosse a força do hábito, que os devolve para a trama (ainda que mínima), e não fosse a impossibilidade de dizerem "eu", em assumirem-se como vítimas do jogo teatral.

Ao quebrar, portanto, a quarta parede, Beckett expulsa a plateia da zona de proteção, convencionada pelo teatro ilusionista. Quando detectada, a plateia ingressa na trama (o que é significativo, mesmo que esse choque vigore momentaneamente). Peças como *Esperando Godot*, *Dias felizes*, *Play* e *Eu não* podem ser qualificadas, portanto, de metateatro – o qual transforma em assunto, um elemento técnico ou estrutural.

Ocorre, porém, em obras tardias — *Rockaby* (1980) e *Improviso de Ohio* são dois exemplos -, a restauração da quarta parede. Nesses casos, a via metateatral não é abandonada totalmente,[73] mas substituída por um novo mecanismo de deslocamento.

---

[72] ROSENFELD, Anatol. *O teatro épico*. Rio de Janeiro: Buriti, 1965.
[73] Nessas peças, se a plateia não é denunciada explicitamente, é, no entanto, espelhada. Em Rockaby, a personagem é identificada a "olhos" (eyes), que querem ver – função do público – e serem vistos – função do personagem. Em Improviso de Ohio, os dois personagens são espelho de sua primeira

Não que Beckett tenha desistido de provocar o público. Se ele o tirara do conforto dramático com seus primeiros trabalhos, valendo-se do efeito de distanciamento, cabe, depois disso, desestabilizá-lo, tirando-o do "conforto metateatral", do conforto dessa distância já conquistada. Qualquer procedimento estético, ainda que surgido como choque e acusação, é inócuo quando seu emprego se torna habitual.

Assim, o *Verfremdungseffekt* é trocado em *Improviso de Ohio* e *Rockaby* por uma dinâmica de deslocamento com propósito contrário, ou seja, elabora-se um mecanismo centrípeto, pelo qual a plateia é encaminhada para a esfera íntima dos personagens. A diferença de procedimento em relação a textos como *Companhia* e *That Time* é de ênfase, pois têm muitas preocupações comuns. Contudo, pode-se afirmar que, enquanto em *Companhia* e *That Time* o público é colocado desde o início no plano mental dos *dramatis personae*, em *Improviso de Ohio* e *Rockaby*, o público é encaminhado paulatinamente para esse lugar, talvez para além dele.

A *mise en abyme*, em registro paradoxal, é o recurso disposto por Beckkett para alcançar esse efeito em *Improviso de Ohio*; em *Rockaby*, o efeito é conseguido pelo emprego da cisão entre corpo e voz, e pelo uso da repetição, elaborada em linguagem poética.

Ambas as peças constituem práticas artísticas, como outras analisadas até aqui, com vistas à investigação da solidão e da efabulação como modo de fazer-se companhia.

Rockaby[74] expõe a personagem Mulher, prematuramente envelhecida, em uma cadeira de balanço [Fig.1], que oscila sozinha, independentemente de seu esforço.[75]

---

plateia, formada por literatos (cujo exercício profissional se dá pela leitura de velhos tomos), mas também das plateias leigas, que, assim como o ouvinte, escutam a história narrada.

[74] BECKETT, Samuel. *Samuel Beckett – The Complete Dramatic Work*, op. cit., pp. 331-442. Por se tratar de um quase-poema, o texto será citado muitas vezes no original, o que preserva ritmo e imagem originais.

[75] Como diz a rubrica: "controlada mecanicamente sem a ajuda de M[ulher]". Idem, p. 334.

Figura 1
Billie Whitelaw em *Rockaby*, 1983

Figura 2
Rand Mitchell e David Warrilow, atores da
primeira montagem de *Improviso de Ohio*
(foto M. Swope)

A Mulher permanece a maior parte do tempo em silêncio, enquanto ouve a própria voz, acusmática, entoando um relato-poema ou acalanto.[76]

---

[76] A qualidade de acalanto também foi proposta por Beckett para *Improviso de Ohio*. Segundo o ator David Warrilow, que interpretou o Leitor na estreia da peça: "[...] a intenção mais útil que Beckett me deu no princípio dos ensaios de *Improviso de Ohio* foi tratar [o texto] como uma história contada antes

O relato da Voz está dividido em quatro partes, que são iniciadas, no entanto, pela súplica da Mulher na cadeira de balanço — "mais" —, como que exigindo que a Voz continue uma história.

A Voz descreve a jornada enclausurante e descendente de uma personagem que ansiava, paradoxalmente, por "*another like herself/ another creature like herself/ a little like*", por "*another living soul/ one other living soul*". O percurso e sua topografia são os seguintes:

» a personagem estava fora de casa, para cima e para baixo, procurando por um outro, e como não o encontra, entra para dentro de casa;
» ela está dentro de casa à janela, procurando por um outro em outras janelas;
» ela, à janela, procura por um outro como ela, mas não há ninguém atrás dos vidros; e mais, ela detecta que todas as outras janelas têm as persianas baixadas;
» ela baixa a persiana de sua janela também, desce por uma escada, senta-se em uma cadeira de balanço, fecha os olhos e se torna seu outro eu ("*was her own other/ own other living soul*").

A história, portanto, acaba por coincidir com a cena, em que a personagem Mulher, em uma cadeira de balanço, é embalada, ouvindo a própria voz acusmaticamente, e fechando os olhos próximo ao final.

A Voz explica ainda que a velha cadeira de balanço pertencera à mãe da personagem, à mãe louca da personagem, que nela se embalara vestida de preto até a morte.

Com essa informação, a cena ganha outra camada: não duplica apenas a narração, mostra ainda a própria personagem fundida à imagem descrita da mãe (lembre-se de que a Mulher é uma figura prematuramente envelhecida, e veste-se de preto, como a descrição da mãe).

Beckett ensaia em suas peças imagens possíveis para a realidade subjetiva. Tanto em *Companhia*, quanto em *That Time*, por

de dormir [*a bed time story*] e deixá-la ser tranquilizante". KALB, Jonathan. *Beckett in Performance*. Lexington: Cambridge University Press, 2013, p. 60.

exemplo, a cisão corpo/voz explora conjuntamente a necessidade do personagem por um outro e a impossibilidade do sujeito pensar-se como unidade. Na rememoração, figurada em *Rockaby*, no entanto, ocorre algo um pouco diferente: o sujeito mistura-se a um outro, um outro se atualiza nele. Fusionadas, filha e mãe parecem traduzir cenicamente a condição mental tanto da mãe, que no final da vida estava "*off her head*" (ou seja, louca), quanto da filha, cuja voz, nota-se, também está "*off her head*" (mas, nesse caso, literalmente, fora da cabeça, como voz acusmática). Deve-se lembrar ainda que a Mulher, ao final, na falta de encontrar outros olhos para ver e ser vista ("*to see/ be seen*"), torna-se "*her own other*". "*Own other*" remete sonoramente a "*another*", que ressoa em *Mother*. Mãe e filha não comparecem no texto, portanto, apenas amalgamadas visualmente, mas sonoramente também. A filha, que buscava "*another*", sintetiza-o na mãe, *Mother*: "*me*" + "*other*".[77]

O percurso enclausurante, a topografia descendente, a qualidade não realista do *setting* – com uma cadeira de balanço que oscila sozinha –, aliados ao tratamento poético da linguagem, compõem o mecanismo de deslocamento da plateia em *Rockaby*, ou o que se propõe chamar de efeito de imersão.

Sobre a qualidade de acalanto da linguagem, Jonathan Kalb faz notar que

> a narrativa é como um predicado estendido, que se recusa a resolver-se; esperamos e esperamos por um verbo de ação, mas só ouvimos apositivos ("dizendo para si mesma", "olhando outras janelas"), e [...] novas sentenças subordinadas.[78]

Público e personagem, portanto, são embalados pela composição rítmica do discurso da Voz, pelo emprego de rimas e consonâncias, pelo uso sintético de frases e palavras, pelas repetições e ecos, cuja cadência imita o balançar da cadeira. Um exemplo:[79]

---

[77] BRATER, Enoch. *Beyond Minimalism: Beckett's Late Style in the Theater*. New York: Oxford Press, 2013, pp. 166-167.
[78] KALB, Jonathan. *Beckett in Performance*, op. cit., p. 12.
[79] Destaco as repetições em itálico.

> till in the end
> the day *came*
> in the end *came*
> close of a long day
> sitting at her *window*
> quiet at her *window*
> only *window*
> facing other *Windows*
> other only *Windows* [...][80]

O acalanto tem como efeito embalar a personagem juntamente com o público. A plateia não será testemunha distanciada de um espetáculo, mas será afetada pela mesma ladainha.[81] O que surpreende, contudo, é que, tanto a plateia quanto a personagem, não são encaminhadas pelo acalanto para a profundeza inconsciente do sono, mas para uma espécie de despertar.

Assim explica Kalb:

> A experiência primária de *Rockaby* é aquela do acalanto, um ritmo constante de palavras que nos embala para um estado de tranquilidade, até que somos surpreendidos pelas palavras "*fuck life*", perto do final, o que nos faz perceber, que, pelo menos nos momentos finais da Mulher, há muito mais sagacidade do que sua prévia e quase completa catatonia sugerira.[82]

"*Fuck life*", pronunciada bombasticamente perto do final da peça, transfigura o acalanto. Tira-lhe a qualidade patética, na qual poderia cair. Beckett sempre proíbe seu público da impostura sentimental. Em *Esperando Godot*, ao final, o *tableaux* com os dois amigos sob a luz da lua, reféns do círculo infinito do hábito, poderia parecer belo, não fosse as calças de Estragon, sem cinto, arriarem. Em *That Time*, o riso da cabeça, ao final, poderia parecer redentor, não revelasse uma incômoda boca banguela.[83]

"*Fuck life*" não é só ensejo de morte. Significa, na economia do texto, uma rejeição da qualidade existencial mais forte da perso-

---

[80] BECKETT, Samuel. *Samuel Beckett – The Complete Dramatic Work*, op. cit., p. 438.
[81] Como, por exemplo, em *Esperando Godot*, o público aguarda com os personagens, e sofre com eles, pela chegada de Godot.
[82] KALB, Jonathan. *Beckett in Performance*, op. cit., p. 12.
[83] Idem, ibidem.

nagem, a ocular. Afinal, "*to see/ be seen*" reencena a divisa do filósofo Berckley, "ser é ser percebido",[84] motor dos seres beckettianos, e constitui o atributo impulsor dessa mulher, obrigada à procura frenética e conduzida à cisão. Mas, além disso, "*to see/ be seen*" é a condição que a irmana com o universo teatral.

Segundo a Voz, desde o começo a personagem era toda olhos, que olhavam para todos os lados, para cima e para baixo,[85] procurando por um outro, um outro como ela, uma outra criatura como ela ("*all eyes/ all sides/ high and low/ for another/ another like herself/ another creature like herself*"). Ela queria ver e ser vista, mas não havia ninguém "*behind the pane*" (atrás do vidro). Ela queria ver e ser vista, mas as janelas ostentavam "*all blinds down*", ou seja, tinham as persianas baixadas.

O jogo com as palavras, que o poema explora, sobrepõe sentidos, do mesmo modo como a figura em cena é a sobreposição da filha e da mãe, e pode dar a chave para se entender o deslocamento da plateia provocado pelo texto.

Persiana em inglês diz-se *blind*, a mesma palavra significa também cego, cegos. "*Pane*", vidro em inglês, é palavra homófona à "*pain*", dor. Assim, as persianas baixadas indicariam olhos cegos, ou, seres cegos; enquanto a frase "*behind the pane*", ou melhor, "*behind, the pain*", sugeriria que, atrás dessas janelas, haveria dor, pois fechar as persianas, tornar-se cego para o mundo, não significa livrar-se do impulso visual e acalmar. O balançar da cadeira não aplaca a obsessão ocular, simplesmente a direciona para dentro, com as consequentes cisão (corpo/voz) e fusão (mãe/filha).

O universo teatral está aludido sutilmente no texto. Do mesmo modo que as janelas fechadas separam a personagem da narrativa de outros seres vivos, a convenção da quarta parede separa a Mulher

---

[84] O argumento "ser é ser percebido", do filósofo George Berkeley, é "a pedra angular de sua obra. Afirma-se que objetos da percepção sensível [...] não têm existência que possa ser conhecida fora da mente de quem os percebe. A partir disso, pondera-se que toda a realidade existe em última instância na mente de Deus. Ao contrário, a sensação de ser é sustentada pelo ser percebido como objeto por um outro: mais acuradamente, *esse est aut percipe aut percipere* ("ser é ao mesmo tempo ser percebido e perceber")". GONTARSKI, S. E. e ACKERLEY, C. J. *The Grove Companion To Samuel Beckett – A reader's guide to his works, life, and thought*. New York: Grove, 2004, pp. 49-50.
[85] Assim como a cadeira de balanço, que movimenta a personagem para cima e para baixo.

de outras "*living souls*", dispostas à sua frente, mas invisíveis. A fronteira intransponível, na escala da representação, é, no entanto, compartilhada, não como regra dramática, mas como fato. Se cada janela fechada é o limite a separar uma dor de outra, a plateia também estará fechada em porões de lembranças e efabulações.

"*Fuck life*" é desabafo pronunciado pela Voz ao final da peça, junto ao pedido, feito diretamente à cadeira de balanço, que faça os olhos dela parem ("*stop her eyes*"), que a balance para fora ("*rock her off*"). E, de fato, a cadeira para de mover-se, a Mulher está com os olhos fechados, sua cabeça pende para o lado, como que morta, ou inconsciente. A encenação repete a descrição anterior da morte da mãe ("*head fallen*"), como se a filha desse seguimento a um padrão, do qual a plateia poderia participar.

"*Fuck life*", no entanto, quebra o padrão. Pelo viés poético, as duas palavras, inéditas em uma frase cortante, desestabilizam um padrão repetitivo e hipnótico. Na relação com o público, a frase é uma exigência, ou um súplica, "quebrem o padrão": a quarta parede, os vidros fechados, a inconsciência.

***

Improviso de Ohio distingue-se por uma peculiaridade na relação com o público. Foi escrita por encomenda — por ocasião do simpósio promovido pela Ohio State University, em comemoração aos 75 anos de Beckett — e, portanto, voltada para uma plateia específica, formada por *scholars*, por especialistas na literatura anglo-saxã contemporânea, especialistas em Beckett e Joyce.

O diretor da montagem, Alan Schneider, com larga experiência na obra de Beckett, surpreendeu-se, no entanto, com o comentário deste sobre o efeito que a peça geraria no público ao abrir da cortina. Segundo Beckett, o público riria.[86] A incredulidade de Schneider diante dessa afirmação devinha do fato de que nada no *tableaux* austero que estrutura os 20 minutos de espetáculo parecia risível, ou seja, dois velhos, com fartos cabelos brancos, vestidos de

---

[86] BRATER, Enoch. *Beyond Minimalism: Beckett's Late Style in the Theater*, op. cit., p. 126.

negro, sentados à mesa, um deles em posição de respeitosa escuta, o outro debruçado sobre um livro antigo.

E, no dia 9 de maio de 1981, na estreia mundial de *Improviso de Ohio* [Fig. 2], a plateia de fato riu. Beckett conhecia seu público, e oferecia a ele um espirituoso *Captatio Benevolentiae*. O público se espelhou imediatamente na cena, reconhecendo na imagem oferecida uma homenagem ou paródia da característica mais básica de sua profissão, debruçar-se sobre velhos volumes. Mas os agrados ao douto público não paravam por aí.

Beckett proporcionava à plateia, à medida que a peça progredia, a satisfação de muitos reconhecimentos:

» o chapéu joyceano, de abas largas, avistado sobre a mesa;
» a Ilha dos Cisnes, ilhota no meio do Sena, por onde Beckett e Joyce costumavam caminhar;
» a palavra Ohio, que, além de cidade-sede do simpósio beckettiano, era o nome de um rio mencionado no *Finnegans Wake*;
» o trocadilho arquitetado entre *"white nights"* — versão literal da expressão *"nuit blanche"*, que significa insônia — e *Whiteknights*, palavra homófona, e que indicava o local em que era mantido o arquivo de Beckett na cidade de Reading;
» o verbo *"reading"*, que figura a ação forte da peça, e o nome da cidade e da universidade onde está a maior parte manuscritos de Beckett, Reading;
» o fato de que o cego Joyce também precisou de leitores.[87]

Mas *Improviso de Ohio* não é apenas condescendente com seus espectadores. Se os distrai em um jogo de reconhecimentos, é para encaminhá-los, sem que percebam, para um lugar onde a erudição não basta.

A cena, o quadro quase estático que se acompanha por 20 minutos, está incrustado, como já foi dito, em abismo, dentro da narrativa. Como se deve lembrar, a cena espelha um momento da história lida, é uma emanação da narrativa. A cena, ao contrário

---

[87] Idem, ibidem.

do que costuma acontecer, apresenta um teor ficcional maior do que a própria história narrada; está num lugar mais profundo do que aquilo que aparece. Assim, pelo fato de palco e plateia compartilharem o mesmo espaço, terão, por contaminação poética, o mesmo teor de realidade. A plateia é deslocada para dentro, não do palco, mas do livro, e de um livro, que — como foi indicado no capítulo anterior -, está dentro de um outro livro, que está dentro de um outro livro, e assim por diante, em duplicação infinita.

É para essa distância, para essa camada mais profunda, é para essa distância infinita que a plateia é encaminhada ao contemplar[88] a cena até o fim.

Beckett conduz o público, assim como o personagem, para o que chama de profundezas da mente ou abismos de consciência. A imagem final, em que os dois símiles se contemplam, ilustra não apenas a comunhão final de um sujeito antes cindido, mas a característica estrutural do texto: a recursividade. No final da peça, no momento em que se encaram, não ocorre simplesmente o fato de um estar contido no olhar do outro, mas que, contidos um no olhar do outro, também contêm a si mesmos contidos no olhar do outro.

Não se trata mais de efeito de estranhamento, alcançado por choque, para a necessária distância, que a análise objetiva exige, mas, pelo contrário, de efeito de imersão. A arquitetura da peça permite o deslocamento da plateia para o lugar mais íntimo e insondável do personagem. O riso de reconhecimento do público, ao início da apresentação, cede, aos poucos, a um outro *páthos*.

Assim, é da camada cômica da peça para a camada séria que a plateia é conduzida. É do local dos arquivos, chamado *Whiteknights*, para a insônia real do personagem que os espectadores são levados. Para um local onde não há ironia, mas a "triste história" de alguém que está só e necessita de conforto.

---

[88] Para Kalb, as peças de Beckett teriam uma qualidade de meditação. Em *Improviso de Ohio*, Rockaby, assim como em *Eu não* e *Play*, "um tableaux meticulosamente esculpido permanece praticamente imóvel o tempo todo, permitindo que os espectadores meditem sobre seu significado metafórico, enquanto um fluxo de palavras emana do palco, guiando a meditação". KALB, Jonathan. *Beckett in Performance*, op. cit., p. 49.

As imagens relativas ao que se ouve e aquelas que de fato se vê na cena, como notou Enoch Brater, oferecem em *Improviso de Ohio* a melhor demonstração desses dois domínios, que, na obra tardia de Beckett, aparecem separados, seguindo, no entanto, sempre interligados. O oximoro, com que Beckett define a relação do personagem com o ente querido, é que haviam vivido "sozinhos juntos". Sozinhos juntos estão Leitor e Ouvinte, sozinhos juntos a comédia e o drama, a cena e a narração.[89]

Pela Ilha dos Cisnes, diz o livro, o personagem caminhava. E, ao alcançar seu extremo, podia contemplar os dois braços de água que, em alegres remoinhos, confluíam e fluíam unidos. Essa bela imagem de *Improviso de Ohio* alberga a própria poética de Beckett nessa fase: não apenas cena, não apenas narrativa, mas a confluência desses remoinhos num novo fenômeno.

Um novo fenômeno, que não depende da divulgação de teses, da complexidade da trama, um fenômeno que se vale da duplicação, dos espelhamentos simples e infinitos, sobretudo da *mise en abyme*, para uma forma nova de literatura, sem ênfase na expressividade, mas interessada em ser máquina para a imersão. O público, assim, sofre um deslocamento que não alija, que acontece quando um ser mergulha em um outro como em si mesmo, um estranhamento que conduz para os insondáveis abismos de algo que se poderia chamar compaixão.

---

[89] BRATER, Enoch. *Beyond Minimalism: Beckett's Late Style in the Theater*, op. cit., p. 134.

BIBLIOGRAFIA CITADA

ADORNO, T. W. "A indústria cultural", in *Sociologia*, Gabriel Cohn (org.). São Paulo: Ática, 1994.
ANDRADE, Fabio Souza, "Prefácio", in BECKETT, Samuel. *Companhia e outros textos*. São Paulo, Globo, 2012.
ARISTÓTELES. *Poética*. Lisboa: Imprensa Nacional/Casa da Moeda, 1986.
BAKHTINE, Mikhail. *La Poétique de Dostoïevski*. Paris: Seuil, 1998.
BECKETT, Samuel. *Proust*, A. Nestrovski (trad.). São Paulo: CosacNaif, 2013.
_____. *Catastrophe et autres Dramticules*, traduit par l'auteur. Paris: Minuit, 2005.
_____. *Esperando Godot*, Fábio de Souza Andrade (trad.). São Paulo: CosacNaify, 2005.
_____. *Molloy*, Leo Schlafman (trad.). Rio de Janeiro: Nova Fronteira, 1988.
_____. *Dias felizes*, Fábio de Souza Andrade (trad.). São Paulo: CosacNaify, 2010.
_____. *Companhia e outros textos*, Ana Helena Souza (trad.). São Paulo: Globo, 2012.
_____. *Samuel Beckett — The Complete Dramatic Work*. London: Farber and Farber, 1990.
_____. "Três diálogos com Georges Duthuit", in ANDRADE, Fábio de Souza. *Samuel Beckett: o silêncio possível*. São Paulo: Ateliê, 2001.
_____. *Fim de partida*, Fábio de Souza Andrade (trad.). São Paulo: CosacNaif, 2002.
_____. *Three Novels — Molloy, Malone Dies, The Unamable*. New York: Grove Press, s/d.
BEGAM, Richard. *Samuel Beckett and the End of Modernity*. Stanford: Stanford University Press, 1996.
BENJAMIN, Walter. "A obra de arte na era da sua reprodutibilidade técnica", in *Magia e técnica, arte e política — ensaios sobre literatura e história da cultura*, v. 1. São Paulo: Brasiliense, 1987.
BERNHARD, Thomas. *O sobrinho de Wittgenstein, uma amizade*, José Palma Caetano (trad.). Lisboa: Assírio & Alvim, 2000.
_____. *Maestros antiguos*, Miguel Saez (trad.). Madrid: Alianza Editorial, 2003.
_____. *Old Masters, A Comedy*, Ewald Osers (trad.). Penguin Books, 2010. (Kindle)
_____. *Alte Meister, Komödie*. Frankfurt am Main: Suhrkamp, 1988.
BEZERRA, Paulo. "O laboratório do gênio", in DOSTOIÉVSKI, Fiódor. *O duplo*, Paulo Bezerra (trad.). São Paulo: Editora 34, 2011.
A BÍBLIA DE JERUSALÉM. São Paulo: Edições Paulinas, 1985.
BRATER, Enoch. *Beyond Minimalism: Beckett's Late Style in the Theater*. New York: Oxford Press, 2013.
BRECHT, Bertolt. Écrits sur le *théatre*, v. 1. Paris: L'Arche, 1963.
BREGER, Louis. *Dostoevsky: The Author as Psychoanalyst*. New York: Transaction, 1989.
BUELONI GONÇALVES, Lívia. "Entre o lodo e a luz", in BECKETT, Samuel. *Textos para nada*. São Paulo: CosacNaify, 2015.
CASAS JANICE, Ana (org.). *La autofícción. Reflexiones teóricas*. Madrid: Arco Libros, 2010.
CONNOR, Steven. *Samuel Beckett. Repetition, Theory and Text*. Worcester: Basil Blackwell, 1988.
COX, Christoph e VARNER, Daniel. *Audio Culture: Readings* in *Moderns Music*. New York: Contiuum Publishing, 2004.
CLÉMENT, Bruno. *La Voix Verticale*. Paris: Belin, 2012.
COUSINEAU, Thomas J. *Three-Part Inventions — The Novels of Thomas Bernhard*. Cranbury: University of Delaware Press, 2008.

DOLAR, Mlades. *A Voice and Nothing More*. Cambridge: The MIT Press, 2006.
DÄLLENBACH, Lucien. *Le Récit Spéculaire — Essai sur la mise en abyme*. Paris, Seuil, 1977.
DIDEROT, Denis. *Discurso sobre a poesia dramática*. São Paulo: CosacNaify, 2005.
DIDEROT, Denis. *Obras V, O filho natural*, Fátima Saadi (trad. e notas); J. Guinsburg (org.). São Paulo: Perspectiva, 2008.
DIDIER, Béatrice. *Diderot, dramaturge du vivant*. Paris: PUF, 2001.
DONATO, Santermo. "Pirandello's Quest for truth: Sei personaggi in cerca d'autore", in BIASIN, Gian-Paolo Biasin; GIERI, Manuela (eds.), *Luigi Pirandello: Contemporary Perspectives*. Toronto: University of Toronto Press, 1999.
DOSTOIÉVSKI, Fiódor. *O Duplo*, Paulo Bezerra (trad.). São Paulo: Editora 34, 2011.
ERNST, Bruno. *O espelho mágico de M. C. Escher*. South Korea: Taschen, 2007.
FLETCHER, J. e SPURLING, J. *Beckett. A Study of his Plays*. Eyre: Methuen, 1972.
FRYE, Northrop. "The Nightmare Life in Death", in O'HARA, J. D. (editor), *Twentieth Century Interpretations of Molloy, Malone Dies, The Unnamable*. New Jersey: Prentice-Hall, Englewood Cliffs, 1970.
GASPERETTI, David. "*The Double:* Dostoevskij's Self-Effacing Narrative", in *The Slavic and East European Journal*, v. 33, n. 2, Summer, 1989 (http: //www.jstor.org/satable/309345).
GATTI, Luciano. *Constelações — crítica e verdade em Benjamin e Adorno*. São Paulo: Loyola, 2009.
_____. "Os duplos de Sebald", in Revista *Serrote*, n. 10, março, 2012.
GIDE, André. *Jounal 1889-1939*. Paris: Gallimard, "*Pleiade*", 1948.
_____. *Os moedeiros falsos*, Mário Laranjeira (trad.). São Paulo: Estação Liberdade, 2009.
GONTARSKI, S. E. e ACKERLEY, C. J. *The Grove Companion to Samuel Beckett — A reader's guide to his works, life, and thought*. New York: Grove, 2004.
HEINE, Heinrich. *Säkularausgabe*, v. I, H Böhm (ed.). Berlim/Paris, 1979.
HENS, Gregor. *Thomas Bernhards Trilogie der Künste — Der Untergeher*, Holsfällen, Alter Meister. Rochester: Camden House, 1999.
HOESTEREY, Ingeborg. "Visual Art as Narrative Structure: Thomas Bernshar's *Alte Maeister*", in *Modern Austrian Literature* 21, n. 3-4: 117-22, 1988.
HOFFMANN, Daniel. *Poe, Poe, Poe, Poe, Poe, Poe, Poe*. New York: Paragon, 1990.
IDT, Geneviève. *Gide: Les Faux Monnayeurs*. Paris: Hatier: 1973.
JACQUOD, Valérie Michelet. *Le Roman Symboliste: Un Art de L'"Extrême Conscience" — Edouard Dujardin, André Gide, Remy de Goumont, Marcel Schwob*. Genève: Droz, 2008.
JONGENEEL, Else. "Le musée en trompe-l'oeil: un cabinet d'amateur de Georges Perec", in *Dalhousie French Studies, Art and Contemporary Prose*, v. 31, Dalhousie University, Summer, 1995. (http://www.jstor.org/stable/40837047)
KALB, Jonathan. *Beckett in Performance*. Lexington: Cambridge University Press, 2013.
KAUFMANN, Sylvia. *Thomas Bernhard's* Auslöscheng. Ein Zerfall *and* Alter Meister. Komödie. Stuttgart: Hans-Dieter Heinz, Akademischer Verlag Stuttgart, 1998.
KERN, Edith. "Moran-Molloy: The Hero as Author", in O'HARA, J. D. (editor), *Twentieth Century Interpretations of Molloy, Malone Dies, The Unnamable*. New Jersey: Prentice-Hall, Englewood Cliffs, 1970.
KNOWLSON, James. *Damned to Fame — The Life of Samuel Beckett*. London: Bloomsbury, 1997.
KNOWLSON, James e PILLING, J. *Frescoes of The Skull*. London: John Calder, 1979.
KONZETT, Matthias (ed.). *A Companion to the Works of Thomas Bernhard*. Rochester: Camden House, 2010.
LALANDE, André. *Vocabularie technique et critique de la Philosophie*. Paris: PUF, 1988.
LIZAMA, Natalia. "A Body of Information: Posthumanism, the Digital Doppelgänger and Don DeLillo's *White Noise*", in SOON HG, Andrew Hock (Ed.), *The Poetics of Shadows — The Double in Literature and Philosophy*. Stuttgart: Ibidem, 2013.

LOCATELLI, Carla. *Unwording the World: Samuel Beckett's Prose Works after the Nobel Prize*. Philadelphia: University of Pennsylvania Press, 1990.
MAGALDI, Sábato. "Princípios estéticos desentranhados das peças de Pirandello sobre Teatro", in PIRANDELLO, Luigi. *Pirandello: do texto no teatro*, J. Guinsburg (org.). São Paulo: Perspectiva, 1999.
MARTIN, Jean-Pierre. *La Bande Sonore — Beckett, Céline, Duras, Genet, Pérec, Pinget, Queneau, Sarraute, Sartre*. Paris: José Corti, 1998.
MILLER, Karl. *Doubles*. London: Farber and Farber, 2013.
MOCHIUTE, Talita Cruz. *A ficção australiana de J. M. Coetzee: o romance autorreflexivo contemporâneo*. Mestrado em Teoria Literária e Literatura Comparada, Universidade de São Paulo, São Paulo, 2015.
PAVIS, Patrice. *Dicionário de teatro*. São Paulo: Perspectiva, 1999.
PEREC, Georges. *A coleção particular*, Ivo Barroso (trad.). São Paulo: CosacNaify, 2005.
PINO, Cláudia Amigo. *A ficção da escrita*. São Paulo: Ateliê/Capes, 2004.
PIRANDELLO, Luigi. *Pirandello: do texto no teatro*, in J. Guinsburg (org.). São Paulo: Perspectiva, 1999.
_____. *O falecido Mattia Pascal; Seis personagens à procura de um autor*, com prefácio do autor. São Paulo: Abril Cultural, 1978.
POE, Edgar Alan. "William Wilson", in *Ficção completa, poesia & ensaios*, Oscar Mendes (trad.). Rio de Janeiro: Nova Aguilar, 1986.
ROSENFELD, Anatol. *O teatro épico*. Rio de Janeiro: Buriti, 1965.
SAADI, Fátima. "Nota sobre a tradução", in DIDEROT, Denis. *Obras V, O filho natural*, Fátima Saadi (trad. e notas); J. Guinsburg (org.). São Paulo: Perspectiva, 2008.
SARAMAGO, José. *O homem duplicado*. São Paulo: Companhia das Letras, 2008.
SARRAZAC, Jean-Pierre. *Poétique du drame moderne — de Henrik Ibsen à Bernard-Marie Koltès*. Paris: Seuil, 2012.
SEBALD, W. G. *Austerlitz*, José Marcos Macedo (trad.). São Paulo: Companhia das Letras, 2008.
SCHAEFFER, P. *Traité des objets musicaux*. Paris: Le Seuil, 1966.
SCHWARTZ, Adriano. "A tendência autobiográfica do romance contemporâneo: Coetzee, Roth e Piglia", in *Novos Estudos*, n. 95, março, 2013.
SHAKESPEARE, William. *Teatro completo — tragédias e comédias sombrias*, v. I, Barbara Heliodora (trad.). Rio de Janeiro: Nova Aguilar, 2006.
SKURA, Meredith Anne. *The Literary Use of Psychoanalytic Process*. New Haven: Yale University Press, 1983.
SOON HG, Andrew Hock. "Introduction: Reading the Double", in SOON HG, Andrew Hock (Ed.), *The Poetics of Shadows — The Double in Literature and Philosophy*. Stuttgart: Ibidem, 2013.
SZONDI, Peter. *Teoria do drama moderno [1880-1950]*, Luiz Sérgio Rêpa, (trad.). São Paulo: CosacNaify, 2001.
SZONDI, Peter. *Teoria do drama burguês [século XVIII]*, Luiz Sérgio Rêpa (trad.). São Paulo: CosacNaify, 2005.
VASCONCELLOS, Cláudia Maria de. *Teatro Inferno: Samuel Beckett*. São Paulo: Terracota, 2012.
WATT, Ian. *A ascensão do romance: estudos sobre Defoe, Richardson e Fielding*, Hildegard Feis (trad.). São Paulo: Companhia das Letras, 2010.
WEBBER, Andrew J. *The Doppelgänger — Double Visions in German Literature*. Oxford: Clarendon Press, 2003.
WEST, Sarah. *Say It: The performative voice in the dramatic works of Samuel Beckett*. Tese de doutoramento, Universitat Pompeu Fabra, Departament d'Humanitas, Barcelona, May, 2008.

BIBLIOGRAFIA CONSULTADA

ABIRACHED, Robert. *La Crise du personnage dans le théâtre moderne.* Paris: Gallimard, 1994.
ADORNO, T. W. *Notas sobre literatura.* Madrid: Akal, 2003.
ACHESON, James; ARTHUR, Kateyrna (editors). *Beckett's Later Fiction and Drama.* Hong Kong: MacMillan Press, 1987.
ANDRADE, Fábio de Souza. *Samuel Beckett: o silêncio possível.* São Paulo: Ateliê, 2001.
BECKETT, Samuel. *The Grove Centenary Edition,* vols. I, II, III, IV. New York: Grove Press, 2006.
_____. *O inominável.* São Paulo: Globo, 2009.
_____. *Esperando Godot,* Flávio Rangel (trad.). São Paulo: Abril Cultural, 1976.
_____. *Warten Auf Godot.* Frankfurt: Suhrkamp, 2003.
_____. *En Attendant Godot.* Paris: Minuit, 1990.
_____. *Fin de Partie.* Paris: Minuit, 2004.
_____. *Endspiel. Fin de Partie. Endgame.* Frankfurt: Suhrkamp, 1996.
_____. *Glückliche Tage, Happy Days, Oh les beaux jour.* Berlin: Suhrkamp, 2001.
_____. *La Dernière Bande.* Paris: Minuit, 1990.
_____. *Eu não.* São Paulo: Olavobrás, s/d.
_____. *Catastrophe et autres dramaticules.* Paris: Minuit, 2005.
_____. *Comédie et Actes Divers.* Paris: Minuit, 1990.
_____. *Oh les Beaux Jours.* Paris: Minuit, 1963.
_____. *Pavesas.* Barcelona: Tusquets, 2000.
_____. *Malone morre.* São Paulo: Brasiliense, 1986.
_____. *Molloy.* Rio de Janeiro: Nova Fronteira, 1988.
_____. *El Innombrable.* Barcelona: Lumen, 1966.
_____. *Murphy.* Paris: Minuit, 1997.
_____. *Watt.* Paris: Minuit, 2005.
_____. "Dante... Bruno. Vico... Joyce", in *Riverrun, ensaios sobre James Joyce.* Rio de Janeiro: Imago, 1992.
_____. *Le Monde et Le Pantalon.* Paris: Minuit, 2003.
_____. *Passos, Improviso de Ohio, Rockaby.* Rubens Rusche (trad.). Mimiografada.
BIASIN, Gian-Paolo; GIERI, Manuela (editors). *Luigi Pirandello. Contemporary Perspectives.* Toronto/Buffalo/London: University of Toronto Press, 1999.
BRATER, Enoch. *The Drama in the Text. Beckett's Late Fiction.* New York/Oxford: Oxford University Press, 1994.
BRECHT, B. Écrits sur la *politique et la societé.* Paris: L'Arche, 1970.
BREUER, Rolf. "Paradox in Beckett", in *The Modern Language Review,* vol. 88, n. 3, pp. 559-580 (July, 1993).
_____. *Samuel Beckett – Eine Einführung.* München: Wilhelm Fink, 2005.
CAHIER DE L'HERNE: SAMUEL BECKETT. S.l: Édition de l'Herne, 1976.
CAPUTI, Anthony. *Pirandello and the Crisis of Modern Consciousness.* Chigaco: University of Illinois Press, 1988.

CARLSON, Marvin. *Teorias do teatro*. São Paulo: UNESP, 1997.
CASAS JANICE, Ana (org.). *La autoficción. Reflexiones teóricas*. Arco Libros, 2012.
CASELLI, Daniela. *Beckett's Dantes: Intertextuality in the Fiction and Criticism*. Manchester/New York: Manchester University Press, 2005.
CAVALCANTI, Isabel. *Eu que não estou aí onde estou: o teatro de Samuel Beckett*. Rio de Janeiro: 7Letras, 2006.
CHRISTI, Oliver. *Samuel Beckett: Ohio Impromptu*. Seminar paper from the year 2005 in the subject English-Literature, University of Freiburg.
CLÉMENT, Bruno. *L'oeuvre sans qualités: rhétorique de Samuel Beckett*. Paris: Seuil, 1994.
COHN, Dorrit. *Transparent Minds: narrative modes for presenting consciousness in fiction*. Princeton, Jersey: Princeton University Press, 1983.
COHN, Ruby. *Samuel Beckett: The Comic Gamut*. New Jersey: Rutgers University Press, 1962.
_____ (editor). *Samuel Beckett: a collection of criticism*. Várias cidades: McGraw-Hill Book Company, s/d.
CONNOR, Steven. *Repetition, Theory and Text*. Oxford: Basil Blackwell, 1988.
LES CRITIQUES DE NOTRE TEMPS ET BECKETT. Paris: Garnier, 1971.
DE MAN, Paul. "Autobiography as De-facement", in *MLN*, The Johs Hopkins University Press, vol. 94, n. 5, Compartive Literature, pp. 919-930, dec. 1979.
DELEUZE, Gilles. "L'Épuisé", in BECKETT, Samuel. *Quad et Trio du Fantôme, ... que nuages..., Nacht und Träume*. Paris: Minuit, 1990.
DEMEL; Julie Anne. *Die Kunst: Ein Entwurf zur Welt — Ein Vergleich den Werken Alte Meiter von Thomas Bernhard und Schlafes Bruder von Robert Schneider*. Frankfurt am Mein: Peter Lang, 2009.
DOWDEN, Stephen D. *Undertanding Thomas Bernhard*. South Carolina: South Carolina Press, 1991.
GILMAN, Richard. *The Making of Modern Drama*. New Haven/London: Yale University Press, 1999.
GIRARD, R. "Dostoiévski: do duplo à unidade", in *A crítica no subsolo*. São Paulo: Paz e Terra: 2011.
GONÇALVES, Lívia Bueloni. *Em busca de companhia: o universo da prosa final de Samuel Beckett*. Tese em Teoria Literária e Literatura Comparada, Universidade de São Paulo, São Paulo, 2014.
GONTARSKI, S. E. *The Intent of Undoing in Samuel Beckett's Dramatic Texts*. Bloomington: Indiana University Press, 1985.
_____ (editor). *Theatrical Notebooks of Samuel Beckett: Endgame*. London: Faber and Faber, 1992.
_____. "Revisando a si mesmo: o espetáculo como texto no teatro de Samuel Beckett", in Revista *Sala Preta*, n. 8, pp. 261-280, ECA, USP, 2008.
_____ (editor). *On Beckett. Essays and Criticism*. Athem Press, 2012. (Kindle)
_____ (editor). *A Companion to Samuel Beckett*. Singapore: Wiley-Blackwell, 2010.
GONTARSKI, S. E.; ASTIR, P.; BEJA, Morris (editors). *Samuel Beckett: Humanistic Perspectives*. Ohio: Ohio State University Press, 1983.
HARMON, Maurice (editor). *The Correpondence of Samuel Beckett and Alan Schneider*. London/Cambridge: Harvard University Press, 1999.
HOFFMANN, E. T. A. *Die Elixiere des Teufels, Lebens Ansichte des Katers Murr*. Darmstadt: Wissenschaftliche Buchgesellschaft, 1969.
JOHNS, Gregory. *In the Dim Vois. Samuel Beckett's Late Trilogy: Company, Ill Seen Ill Said and Worstward Ho*. Maidstone: Crescent Moon, 2011. (Kindle)
KERN, Edith. *Existential Thought and Fictional Technique*. New Haven/London: Yale University Press, 1970.
KNOWLSON, James. *The Theatrical Notebooks of Samuel Beckett – Krapp's Last Tape*. London: Faber and Faber, 1992.
_____. *Lightness and Darkness in the Theatre of Samuel Beckett*. London: Turret Books, 1972.

MARKER, F. J.; INNES, Chistopher (editors). *Ibsen, Strindberg, Pirandello, Beckett. Essays from Modern Drama*. Toronto/Buffalo/London: University Toronto Press, 1998.

MORRISON, Kristin. *Canters and Chronicles: The Use of Narrative in the Plays of Samuel Beckett and Harold Pinter*. Chicago: The University of Chicago Press, 1986.

MÜLLER, S.; HOFFSTADT, C. *Doppelgänger, Polygänger, Alter Egos*. Bochum/Freiburg: Projekt, 2012.

O'HARA, J. D. (editor). *Twentieth Century Interpretations of Molly, Malone Dies, The Unnamable*. New Jersey: Prentice-Hall, 1970.

PILLING, John (editor). *The Cambridge Companion to Beckett*. Cambridge: University Press, 1993.

PIRANDELLO, Luigi. *O enxerto, o homem, a besta e a virtude*. Aurora Fornoni e Homero Freitas (tras.). São Paulo: Edusp, 2003.

POE, Edgar Allan. *Complete Works of Edgar Allan Poe*. S.l: Delphi Classics, 2012. (Kindle)

RANK, Otto. *The Double: a psychoanalytic study*. New York: Meridian, 1971.

ROEHL, Martin. *Die Doppelpersönlichkeit bei E. Th. A. Hoffmann*. Rostocker Inaugural dissertation zur Erlangung der philosophoschen Doktorwürde, s/d.

RYNGAERT, Jean-Pierre. *Lire en Attendant Godot de Beckett*. Paris: Dunod, 1993.

SAFRANSKI, R. *Romantismo: uma questão alemã*. São Paulo: Estação Liberdade, 2010.

STRASSE, Anne. "De l'autobrigraphie à l autofiction: vers l'invention de soi", in *Autofiction(s) — Colloque de Cerisy*. Lyon: Presses Universitaires de Lyon, 2008.

TUCKER JR, H. *The Double: a psychoanalytic study*. Chapel Hill: The University of North Carolina Press, 1991.

VARDOULAKIS, Dimitris. *The Doppelganger: Literature's Philosophy*. New York: Fordham University Press, 2010.

SOBRE A AUTORA

CLÁUDIA MARIA DE VASCONCELLOS nasceu em São Paulo em 1966. É doutora em Letras (Teoria Literária e Literatura Dramática) e mestre em Filosofia (Ética e Política) pela USP. Além de ensaísta, é também escritora e dramaturga, com obras publicadas e encenadas para adultos, jovens e crianças, entre eles *A fome do lobo* e *Menina também joga futebol*, por esta editora. Acumula alguns prêmios por seus textos e montagens como Prêmio Brasília de Literatura, APCA, FEMSA e MinC. Autora também de *Teatro Inferno: Samuel Beckett* (Terracota, 2012).

**CADASTRO
ILUMI//URAS**

Para receber informações sobre nossos lançamentos e promoções, envie e-mail para:

cadastro@iluminuras.com.br

Este livro foi composto em *Garamond* pela *Iluminuras* e terminou de ser impresso em março de 2017 nas oficinas da *Paym gráfica*, em São Paulo, SP, em papel off-white 80 gramas.